Antara Reimann &
Anne-Mareike Schultz

Göttinnen-
Rituale

Weiblichkeit leben mit der Kraft der
keltischen und nordischen Göttinnen

Schirner
Verlag

Die Ratschläge in diesem Buch sind sorgfältig erwogen und geprüft. Sie bieten jedoch keinen Ersatz für kompetenten medizinischen Rat, sondern dienen der Begleitung und der Anregung der Selbstheilungskräfte. Alle Angaben in diesem Buch erfolgen daher ohne Gewährleistung oder Garantie seitens der Autorinnen oder des Verlages. Eine Haftung der Autorinnen bzw. des Verlages und seiner Beauftragten für Personen-, Sach- und Vermögensschäden ist ausgeschlossen.

Wir verzichten auf das Einschweißen unserer Bücher – **UNSERER UMWELT ZULIEBE!**

ISBN 978-3-8434-1400-5

Antara Reimann & Anne-Mareike Schultz: Göttinnen-Rituale Weiblichkeit leben mit der Kraft der keltischen und nordischen Göttinnen © 2019 Schirner Verlag, Darmstadt

Umschlag: Elena Lebsack & Simone Leikauf, Schirner, unter Verwendung von Bildern von www.shutterstock.com (siehe Bildnachweis) Layout: Elena Lebsack, Schirner Lektorat: Kerstin Noack, Schirner Printed by: Ren Medien GmbH, Germany

www.schirner.com

1. Auflage September 2019

Inhalt

Widmung

Wir widmen dieses Buch allen Göttinnen,
die über Raum und Zeit hinweg nie aufgehört haben,
an uns zu glauben und uns zu unterstützen.

Ein kurzes Wort der Autorinnen

Wir, Anne-Mareike und Antara, werden in diesem Buch von »wir« sprechen, obgleich jeweils nur eine von uns einen bestimmten Textteil geschrieben hat. Dies ist ein Gemeinschaftsprojekt, das wir durch das »Wir« unterstreichen möchten und mit dem wir unsere Verbundenheit miteinander und mit diesem Thema zum Ausdruck bringen wollen. Es ist uns nicht wichtig, wer welchen Text geschrieben hat oder wer welchen Impuls hatte, denn wir lieben die Arbeit mit den Göttinnen und unsere Verbindung. Obwohl wir nicht immer beieinandergesessen oder zusammen geschrieben haben, spüren wir eine Zusammengehörigkeit, und die hat uns zu einem »Wir« verschmelzen lassen. Auch wenn wir unterschiedliche Erfahrungen gemacht haben, jede für sich steht und wir unsere Individualität sehr schätzen, möchten wir durch das »Wir« nicht nur uns einschließen, sondern auch dich. Dies vereint uns nicht zu einem großen Individuum, sondern schenkt uns das Gefühl, ein Teil von der Allverbundenheit und uns einer Gemeinschaft bewusst zu sein. Was für ein unglaubliches Geschenk, ein »Wir« zu sein und doch für sich zu stehen und eine eigene Authentizität zu leben.

Vorwort

Die Idee zu diesem Buch entstand in uns unabhängig voneinander schon vor sehr langer Zeit. Wir haben beide nie darüber gesprochen, und doch sollten sich unsere Wege immer wieder so kreuzen, dass die Göttinnen nicht anders konnten, als dieses Werk genau so in die Wege zu leiten. Ich weiß noch, wie mich Antara im November 2017 bei einem Videoanruf, der ursprünglich nur etwas mit Technik und nichts mit dem Thema »Göttinnen« zu tun hatte, fragte: »Du machst Rituale, und ich mache welche, du liebst Avalon, und ich liebe Avalon, du arbeitest mit den Göttinnen, und ich arbeite mit den Göttinnen – was hältst du davon, wenn wir zusammen ein Buch schreiben?« Ich habe noch nie so gern eine Frage bejaht wie in diesem Moment. Wir beide wussten in diesem Augenblick einfach, dass wir dieses Buch als Kolleginnen und nicht als Rivalinnen schreiben würden und sich unsere Pfade so fügen durften. Antara machte im Dezember 2017 dann gleich Nägel mit Köpfen und kündigte das Buch bei unseren Verlegern an. Wir wollten uns keinen Zweifeln hingeben, ob das wirklich klappen würde, sondern hatten tief in uns dieses bestimmte Wissen, dass es genau so sein sollte, und kein Aspekt sollte uns zurückhalten. Bis zu diesem Zeitpunkt hatten wir außer ein paar Worten weder viel Zeit, noch unsere Sichtweisen, geschweige denn unser Leben miteinander geteilt, aber es war dieses Band der Göttinnen, das uns tief berührte und einfach gelebt werden durfte. Was für eine Magie und ein Zauber doch darin liegen, wenn man sich mit einem offenen und ehrlichen Herzen trifft, alles anspricht, auch Befürchtungen aussprechen kann und am Ende ein Buch daraus entstehen darf. Wir können heute sagen, nachdem wir zusammen als Freundinnen und doch wie weise, vertraute Priesterschwestern ein paar Wochen abgeschieden in Glastonbury gewandelt sind, dass sich diese Verbindung anfühlt, als sei sie von den Göttinnen eingefädelt worden, und dass wir endlich bereit waren, genau hinzusehen, um unsere Aufgabe gemeinsam anzunehmen. Mit den Göttinnen im Gepäck durften wir gemeinsam Themen für uns heilen, lachen, weinen und klagen, das alles durfte sein. Wir hatten oft geglaubt, dass sich das eine oder andere Thema vielleicht müheloser gestalten würde, aber wir waren in unserer kleinen Gemeinschaft nicht nur miteinander verbunden, sondern wir hatten und haben ein riesiges Team an Göttinnen an unserer Seite, das darauf gewartet hat, dass wir es nun genau so sichtbar machen. Mit jedem weiblichen Aspekt haben wir uns während des Schreibens persönlich beschäftigt und ihn dadurch in der Tiefe für uns selbst überprüfen dürfen. Dies macht dieses Buch auch für uns so wertvoll.

Wir beide lieben die Göttinnen, und doch möchten wir dich nicht zu einer neuen Religion verleiten, denn die Göttinnen, über die wir sprechen, gehören zu einer mühelosen Naturspiritualität, die Teil unserer Ahnen ist, denn wir leben auf dem ehemaligen Land der Kelten und Germanen. Sie dürfen als Freundinnen, Unterstützerinnen und Verbündete gesehen werden. Und gleichzeitig sind sie auch ein Aspekt unseres Selbst. Ihre Legenden haben die Zeit bis heute überdauert, damit wir nicht vergessen, wie wichtig ihre Facetten für uns sind. Wir dürfen ebenso facettenreich und schillernd sein und uns von dem patriarchalen Denkkonstrukt befreien, hin zu einem freien und unbegrenzten Feiern unseres Selbst.

Die Kelten hatten ein schönes Bild vom Weiblich-Göttlichen, das uns bis heute berührt und uns immer wieder eine Gänsehaut beschert, wenn wir darüber sprechen. Die Große Göttin beinhaltet alle Aspekte, Facetten und Perspektiven, die uns als Menschen ausmachen, und jede einzelne Göttin war einer oder mehrere dieser Aspekte. Dies sollte es uns erleichtern, zu verstehen, dass wir genau all dies auch in uns tragen und keiner mehr oder weniger ist. Ja, jeder von uns trägt all diese Aspekte in sich, und doch leben wir sie womöglich unterschiedlich stark. Das heißt nicht, dass einer mehr oder weniger Wert ist, wir sind alle gleich und tragen genau dasselbe Potenzial in uns. Selbst in unserer Gemeinschaft als Autorenteam steht die eine nicht über der anderen. Wir sind alle gleich – auch du! Jeder von uns hat seine eigene Geschichte, so, wie auch die Göttinnen ihre Geschichte haben, wie du hier lesen wirst. Sie zeigen uns, dass wir uns von unserem Weg nicht abbringen lassen sollen, sondern unser inneres Licht immerfort leuchten lassen dürfen. Gehen wir noch einen Schritt weiter: Du trägst nicht nur all diese Facetten in dir, sondern auch den göttlichen Funken, der in jedem und allem glimmt. Die Große Göttin konnte und kann in allem gefunden werden, sie ist im Wind, in der Erde, im Gesang eines Vogels, aber auch in dir. Du bist ein Teil dieser göttlichen Schöpfung und trägst diese Göttlichkeit in dir. Es gibt keine Kopie von dir, die Schöpfung wollte dich genau so, wie du bist, und möchte, dass du dich an deinen inneren Funken erinnerst, diesen leuchten lässt und vor allem zu deinem Wohle nutzt. Es war uns wichtig, Göttinnen vorzustellen, die in unseren Kulturkreis gehören. Oft verspüren wir eine Sehnsucht nach der Ferne, was vollkommen okay ist, jedoch trägt es einen großen Zauber in sich, uns mit unseren Wurzeln zu verbinden und zu verstehen, woher wir kommen und warum wir vielleicht bei dem einen oder anderen Thema unsere Schwierigkeiten haben …

Deine Anne-Mareike und Antara

Einleitung

Warum haben wir uns in diesem Buch für 13 Göttinnen entschieden, wo es doch so viele schöne Legenden und vor allem auch mehr Facetten der Weiblichkeit gibt? Dies liegt vor allem daran, dass die Zahl 13 die göttliche Weiblichkeit symbolisiert und bei den Kelten sowie bei den nordischen Völkern eine Glückszahl ist. Freitag der 13. war ursprünglich kein Unglückstag, sondern der Göttin Freya geweiht und sollte alle Aspekte der Weiblichkeit ehren. Die 13 stellt die Rückkehr des Göttlich-Weiblichen dar, das schließt die Mysterien und die Magie der Weiblichkeit mit ein, die einem natürlichen Rhythmus und auch Zyklus unterliegen und in ein heiliges Gleichgewicht kommen dürfen. Die 13 ist wie eine Uressenz, die im Kessel der Cerridwen[1] gekocht wird. Sie zeigt auf, dass jeder die Kraft hat und sich selbst ermächtigen darf, sein Licht leuchten zu lassen. Der 13 werden überdies die Aspekte Reinheit, Unsterblichkeit, Einheit, Einssein und Integrität zugeschrieben.

Womöglich wäre es für uns müheloser gewesen, die altbekannten Göttinnen aus den verschiedensten Kulturen zusammenzuwürfeln, doch dies wollten wir gerade nicht. Wir wollten eine neue Gästeliste kreieren – und zwar mit den Göttinnen vor unserer Haustür, auch wenn sie nicht unbedingt zu den bekanntesten zählen[2], haben wir doch beide ein

---

[1] Cerridwen ist eine keltische Göttin. Mehr über sie erfährst du ab Seite 137.

[2] Einen guten Überblick über bekannte Göttinnen und Götter der Kelten findest du hier: Anne-Mareike Schultz/Petra Arndt: »Die Magie Avalons – Auf neuen Spuren den alten Weg der Kelten spüren« (erschienen im Schirner Verlag, 2018). Wenn du die nordischen Sagen liebst und passende Rituale suchst, empfehlen wir dir: Anne-Mareike Schultz: »Wikinger – Verbinde dich mit der Kraftquelle der alten Götter« (erschienen im Schirner Verlag, 2018).

Herz für die »Underdogs« der Götterwelt. Wir möchten aufzeigen, dass ihre Geschichten noch immer zur Verfügung stehen, weil die Energien der Göttinnen noch immer greifbar und verstehbar sind, aber auch weil sie uns mit ihrer helfenden Hand zur Seite stehen und uns heller und strahlender leuchten lassen möchten. Die Welt der Weiblichkeit ist so facettenreich, auch wenn uns die Werbung mit ihren stilisierten Schönheitsidealen und immergleichen Frauentypen oft etwas anderes glauben lassen möchte. Die alten Legenden zeigen hingegen, dass wir aus einem Schatz an Mythen schöpfen können, der es uns nie langweilig werden lässt. Mögen wir erkennen, dass jeder von uns ein unfassbar schöner, facettenreicher und großartiger Mensch ist und jeder diesen leuchten lassen kann, ohne die Person neben uns klein zu machen oder ihr Licht zu dimmen – zusammen können wir ein Netz von Lichtern in dieser Welt erstrahlen lassen.

Uns ist wichtig, dass dieses Buch sich nicht nur an Frauen richtet. Auch wenn wir von der Weiblichkeit und von den Göttinnen sprechen, so können auch Männer mit der Göttin und ihren Aspekten in Kontakt treten. Wir tragen die Dualität in uns, das heißt, wir haben in uns einen männlichen und einen weiblichen Anteil, wodurch auch die Männer unter unseren Lesern mühelos mit der Göttin in Resonanz gehen können.

Jedes Kapitel in diesem Buch widmet sich einer Göttin, dem zu ihr gehörigen Thema und beinhaltet je ein Ritual und eine Affirmation. Jedoch hat die Reihenfolge der Göttinnen und Facetten nichts mit ihrer Wichtigkeit oder ihrem Stellenwert zu tun. Sie ist einfach so im gemeinsamen Schreibfluss entstanden. Es gibt demnach keine bestimmte Reihenfolge, in der du die Aspekte mit den dazugehörigen Ritualen erarbeiten musst. Fühle dich ganz frei, und lasse dich von deinem Gefühl und deinen Interessen leiten. Du kannst die Göttinnen nacheinander in der hier angegebenen Reihenfolge in dein Leben einladen und dieses Buch Kapitel für Kapitel erleben. Fühle dich aber gleichzeitig frei, dich auch intuitiv führen zu lassen, welche deiner Göttinnenfacetten im Moment besonders beachtet und gelebt werden möchte. Was bringt dich aktuell tiefer in die Verbindung mit dir? Welchen Aspekt möchtest du jetzt gerade entwickeln und stärken? Wo fühlst du dich blockiert? Wo zieht es dich am meisten hin? Oder vor welchem Aspekt oder welcher Göttin hast du am meisten Angst? Gibt es ein aktuelles Thema, bei dem dich eine der Göttinnen unterstützen kann? Wir möchten dir die Freiheit schenken, dir genau anzusehen, was du jetzt in diesem Moment brauchst, und in eben dieses Thema einzutauchen. Sei frei wie die Göttin selbst, und erkenne, dass du immer die Wahl hast.

Wie bereits erwähnt, findest du in diesem Buch für jede Facette deines Selbst und der dich unterstützenden Göttin neben ihrer Legende und Beschreibung ein Ritual, das dich bei der Verbindung mit dieser besonderen Kraft unterstützt. Vielleicht fragst du dich, ob es wirklich wichtig ist, die Rituale genau so zu machen, wie wir es vorschlagen, oder ob du sie nicht auch auslassen kannst. Da hast du natürlich vollkommen Recht, es liegt bei dir, ob bzw. wie du die Rituale begehst. Trotzdem wollen wir dir Folgendes mitgeben: Etwas im Außen in Form eines Rituals zu tun, hilft unserem Verstand, ebenso wie unserer eigenen Energie, zu verstehen, dass du einen Wandel wünschst und dass sich etwas zum Besseren verändern darf. Wir lernen mit dem ganzen Körper. Das körperliche Handeln, Bewegen, Begreifen öffnet uns für den besonderen Zauber. Gleichzeitig möchten wir dir die Freiheit geben, die Rituale, Anrufungen oder den Aufbau des Altars zu verändern, wenn dies für dich nicht stimmig ist. Die Leichtigkeit und nicht das Grübeln darf dich in der Entscheidung, ob du aus einer erlernten Tradition ausbrechen darfst oder nicht, begleiten.

Der Altar

Beim Verbindungsaufbau mit der Göttin deiner Wahl unterstützt dich ein Altar, den du selbst zusammenstellen und aufbauen kannst. Ein Altar lenkt deinen Fokus auf die vor dir liegende Aufgabe. Der Aufbau eines Altars lässt deinen Geist ruhig werden. Mit einem Altar errichtest du ein besonderes, energetisches Feld, das die geistigen Reiche auf dich und dein Vorhaben aufmerksam macht. Mit dem bedächtigen Einstimmen auf diese Arbeit zeigst du deine Wertschätzung und Anerkennung für die Helfer aus der Anderswelt.

Prüfe, warum du einen Altar errichten möchtest, bevor du beginnst, Gegenstände für den Altar zusammenzustellen. Was ist deine Absicht? Lasse ein Bild des fertigen Altars vor deinem inneren Auge entstehen, und beginne, es in die sichtbare Welt zu bringen.

Ein Altar muss nicht mit einem klassisch-religiösen Altar vergleichbar sein. Du selbst bestimmst, was du diesem Altar hinzufügen möchtest. Du bestimmst die Regeln. Je mehr dein Herz und deine Gefühle mit den Gegenständen verbunden sind, desto intensiver wird deine Verbindung über diesen Altar werden.

Bevor du einen Gegenstand auf deinen Altar legst, reinige diesen, indem du ihn z. B. mit Weihrauch, weißem Salbei oder einer speziellen Reinigungsräucherung räucherst. Gleichfalls kannst du diese Gegenstände von kosmischer Energie durchfluten lassen und dir vorstellen, wie der Gegenstand gereinigt wird. Die Größe deines Altars bestimmst du selbst. Es gibt keine festen Vorgaben. Machst du dein Ritual draußen in der Natur, empfiehlt es sich, kleinere Gegenstände mitzunehmen. Oft wirken vor allem die Gegenstände besonders, die dir auf dem Weg zu der Stelle in der Natur begegnen.

Es gibt ein paar wenige, bewährte Gegenstände, die traditionell auf einem Altar zu finden sind:

- Altartuch
- Schale mit Erde oder Salz / Baumwurzel / Stein oder Edelstein im Norden
- Räuchergefäß / Feder im Osten
- Kerze im Süden
- Wasserschale / Muschel im Westen

Die Mitte deines Altars ist ein guter Platz für einen symbolischen Stellvertreter dessen, worum es dir bei diesem Ritual geht. Hier findet auch deine Göttinnenstatue ihren Platz. Solltest du keine Statue haben, male ein Bild von ihr oder verwende eine Postkarte oder Ähnliches, was dir die Göttin »offensichtlich« macht. Es geht um dich, dieser Altar ist etwas ganz Persönliches und Einmaliges. Fühle in dich hinein, und folge deinem Herzen. Dies ist das Grundgerüst für einen Altar. In die Mitte kannst du auch alles andere legen, was für dieses Ritual unterstützend wirken kann. Für einen Göttinnen-Altar füge das mit der entsprechenden Göttin verbundene Symbol hinzu:

- Göttin Brigid   gleichschenkliges Kreuz
- Göttin Cerridwen   Kessel
- Göttin Eir   Apfel
- Göttin Freya   Falkenfeder
- Göttin Gefion   Morgentau
- Göttin Gullveig   goldfarbene Münze
- Göttin Jörd   Pflanzensamen
- Göttin Morrigan   Rabenfeder
- Göttin Nanna   Tuch
- Göttin Nerthus   Blüte
- Göttin Rhiannon   Pferdehaar
- Göttin Saga   Gral
- Göttin Sheela-na-Gig   Füllhorn

Folge deinen eigenen Impulsen, und entscheide selbst, was für dich bei diesem Ritual sonst noch eine besondere Bedeutung auf dem Altar bekommen kann. Schaffe mit dem Altar eine lichtvolle Verbindung zu deiner Lichtfamilie.

Die Anrufung

Sobald du mit dem Aufbau deines Altars zufrieden bist, gilt es, die Geistige Welt zur Unterstützung einzuladen. Jetzt kannst du einen heiligen Raum errichten, der dir Verbundenheit und Geborgenheit gibt. Die Himmelsrichtungen und die Elemente, die Göttinnen und Götter, die Krafttiere, Pflanzenhelfer und das kleine Volk sind immer mit dir verbunden. Wenn du dich für ihre Botschaften öffnen kannst, wirst du dich mit ihnen austauschen können.

Es gibt verschiedene Möglichkeiten, einen heiligen Raum zu errichten. Alle sind gleich wirkungsvoll, keiner ist schlechter oder besser. Du musst dich dabei wohlfühlen. Dein Wohlbefinden entscheidet letztlich, für welche Vorgehensweise du dich entscheidest.

Wenn es sich für dich gut anfühlt, kannst du zu Beginn deinen Platz räuchern und dadurch reinigen. Gehe dabei wie bei der Reinigung der

Altargegenstände vor. Achte darauf, dass dein Räuchergefäß auch beim Durchschreiten des Raumes mögliche Asche und glimmendes Räucherwerk sicher in sich behält.

Zur Einstimmung entspanne dich, indem du mehrmals tief ein- und ausatmest. Verfolge den Fluss deines Atems. Fühle, wie du mit jedem Atemzug mehr zu dir kommst. Denke daran, wofür du im Moment dankbar bist. Aus welchem Grund errichtest du jetzt diesen heiligen, liebevollen Lichtkreis?

Bist du bereit? Dann strecke deinen linken Arm mit flacher Hand seitlich von deinem Körper weg. Lasse lichtvolle Energie aus dem Universum in deinen Körper herein und durch die Hand des ausgestreckten Arms wieder hinausfließen. Erkenne die Liebe, die mit dieser lichtvollen Energie an den Platz kommt.

Sobald die Energie fließt, drehe dich, beginnend im Norden, langsam im Uhrzeigersinn, und lasse dabei mit der Energie aus deiner Hand um dich herum einen vollständigen Kreis aus Licht entstehen. Segne gleichzeitig diesen von dir errichteten Raum mit deiner Liebe, und danke der Geistigen Welt für diesen Raum. Die Kraft deiner Vorstellung bestimmt die Größe deines Kreises. Du bist jetzt von kosmischer Schwingung umgeben. Sie schützt und versorgt dich, sie schenkt dir Ruhe und Verbundenheit mit den geistigen Welten. Dieser Kreis ist von außen nach innen generell undurchlässig und von innen nach außen durchlässig. In diesen Kreis hinein kann nur gelangen, wer oder was bewusst und mit vollem Einverständnis von dir eingelassen wird.

Wenn du magst, kannst du nun einen Teil oder auch all deine geistigen Helfer aus den lichtvollen Sphären und Welten einladen, deinen heiligen Raum zu betreten, damit sie dich unterstützen und dir bei deiner Arbeit beiwohnen können.

Drehe dich dazu mit dem Gesicht in Richtung *Norden*. Der Norden ist dem Element Erde zugeordnet, den Vierfüßlern, der Erdmutter. Hier erhältst du Nahrung, Halt, Stabilität, Wachstum und innere Ruhe. Rufe die Kraft und die lichtvollen Wesen des Nordens zu deiner Unterstützung. Nutze dafür deine eigenen Worte.

Drehe dich weiter in Richtung *Osten*. Der Osten ist dem Element Luft zugeordnet, den Vögeln, den klaren Gedanken. Hier erhältst du die Fähigkeit, klar zu überlegen, was nun angebracht ist. Die Luft unterstützt dich bei Themen rund um deine Gedankenkraft, hilft dir, diese zu sammeln. Sie lässt dich verstehen, die Spreu vom Weizen trennen und begleitet dich bei allem, was mit Neubeginn zu tun hat. Rufe die Kraft und die lichtvollen Wesen des Ostens zu deiner Unterstützung. Nutze dafür deine eigenen Worte.

Drehe dich jetzt weiter in Richtung *Süden*. Der Süden ist dem Element Feuer zugeordnet, den Salamandern, der Leidenschaft. Hier erfährst du Unterstützung für alle Aktionen und Pläne, bei denen dein Herzfeuer zum Einsatz kommt. Die Manifestation der Magie schafft Entwicklung, Geborgenheit und Liebe. Rufe die Kraft und die lichtvollen Wesen des Südens zu deiner Unterstützung. Nutze dafür deine eigenen Worte.

Drehe dich jetzt weiter in Richtung *Westen*. Der Westen ist dem Element Wasser zugeordnet, den Gefühlen, den Emotionen, allen Wasserbewohnern. Er reinigt körperlich sowie energetisch und regt die Selbstheilungskräfte an. Die Kraft des Wassers reinigt und löst deine Blockaden, sodass deine Gefühle wieder frei fließen können. Rufe die Kraft und die lichtvollen Wesen des Westens zu deiner Unterstützung. Nutze dafür deine eigenen Worte.

Als Letztes drehe dich weiter, bis du erneut in Richtung Norden ankommst, und rufe deine persönlichen Helfer sowie die Göttin, die dich bei deiner Arbeit unterstützen sollen.

Danke allen Wesen, dass sie gekommen sind. Du bist behütet, dein inneres Licht strahlt und liefert dir Energie. Fahre anschließend mit deinem Ritual oder deiner Arbeit fort.

Wenn du das Gefühl hast, dass alles getan ist, bedanke dich bei allen Begleitern für ihr Kommen und ihre Unterstützung, und gib sie frei, wieder an ihren angestammten Platz zurückzukehren. Bedanke dich bei der Energie, die deinen heiligen Raum geflutet hat, und entlasse diese Energie wieder. Drehe dich hierzu wieder mit ausgestreckter Hand kreisförmig gegen den Uhrzeigersinn, und stelle dir vor, du ziehst die Energie wie einen Duschvorhang wieder zusammen. Nimm den verbliebenen Energiestrahl in deine Hände, und blase die Energie zurück ins Universum mit den Worten: »Den heiligen Raum, den ich errichtet habe, löse ich jetzt wieder auf. Die Energie ist frei und neutral.« Unterstütze dies mit deiner Visualisierung davon, wie sich die Energie »zerbröselt« und in Milliarden von kleinen Blitzen dem Universum und allen Wesen wieder zur Verfügung stellt.

Facetten der Weiblichkeit

Künstlerin und Artistin
Göttin Brigid

GÖTTIN BRIGID

Brigid ist eine keltische Göttin, die bis heute auf den irischen Inseln in Form der Heiligen Brigid von Kildare Bedeutung hat. Die Göttin Brigid hat diesen magischen Wandel von der Göttin zur christlichen Heiligen vollzogen, in ihr sind der neue und der alte Weg verschmolzen. Ihre Geschichte zeigt auf, wie wichtig die Göttinnen für unsere Kultur sind, denn ohne ihre Legenden und Aspekte wäre unsere christlich geprägte Kultur nicht so facettenreich. Brigid verlor mit dem Wandel zur Heiligen zwar ihre göttlichen Attribute, zugleich geriet sie als Person nie in Vergessenheit, sodass sie bis heute einen Platz in den Geschichten hat.

Einer keltischen Legende nach ist die Göttin Brigid mit ihrem Göttergeschlecht durch die Nebel gesegelt, um hier auf Erden einen neuen Weg mit den Menschen zu erschaffen. Sie war mit einem König verheiratet, gemeinsam hatten sie einen Sohn namens Ruadan, der während einer Schlacht ausgeschickt wurde, das feindliche Lager auszuspionieren, und hier aus Übermut den Rivalen angegriffen hatte. Im Kampf wurde er jedoch mit einem vergifteten Speer tödlich verletzt. Brigid weinte um ihren Sohn – dies war die erste Totenklage, die je in Irland vernommen wurde.

Brigid gilt als Personifikation der Dichtkunst, aber auch als Hüterin der Poesie. Zudem ist sie die Beschützerin des Heiligen Feuers, der Schmiedekunst und die Göttin der Heilkunst, der Wahrheit, des Schutzes der weiblichen Kraft und der Initiation. Sie gilt auch als die Mutter aller Götter und ist zudem Teil der dreigestaltigen Göttin – die weise Alte, die Mutter und Brigid als Jungfrau –, wo sie als Sinnbild für die Schöpferkraft steht. Sie steht an der Grenze von Vergangenheit und geheimnisvoller Zukunft und reicht jedem, der die wahre Weisheit für sich selbst finden möchte, die Hände. Oft wird sie lediglich als junge Göttin gesehen und mit der Jungfrau assoziiert, dabei ist sie viel mehr – vor allem Einfallsreichtum, Kreativität, Begabung, Genialität und alles, was mit Schöpfung zu tun hat, sind ihre Attribute. Brigid zu Ehren wird noch heute das Jahreskreisfest Imbolc gefeiert.

Trotz der christlichen Missionierung war die Göttin aus den Köpfen der Menschen lange Zeit nicht wegzudenken. Ein neuer Mythos musste geschaffen werden, und so wurde die Göttin zur Heiligen. Die junge Brigid soll der christlichen Geschichte nach um 450 n. Chr. geboren worden sein. Ihrer Mutter wurde schon in der frühen Schwangerschaft geweissagt, dass ihr Kind eine bedeutende Zukunft haben und in Erinnerung bleiben würde. Brigid wurde nach der keltischen Göttin benannt, die auf diese Weise mit ihr verschmolz und nie vergessen wurde. Der Legende nach war schon Brigids Geburt spektakulär, da ihre Mutter sie auf der Türschwelle gebar und sie auf diese Weise zwischen den Welten geboren wurde. Die junge Brigid erhielt all ihr magisches Wissen über die Natur und das Heilen von ihrem druidischen Stiefvater, und sie galt als Friedensstifterin und Wunderbewirkerin. Zudem trat sie im jungen Alter in den Dienst des christlichen Gottes ein und errichtete die erste weibliche Kirchengemeinde nach der Christianisierung Irlands. Einer ihrer wichtigsten Wirkungsorte war das Kloster in Kildare, auf dessen Ruinen heute eine Kathedrale steht. An diesem Ort soll die ewige Flamme gebrannt haben, die der Göttin, aber auch der Heiligen, gewidmet war. Dieser Ort der Weiblichkeit sollte mit seiner ewig leuchtenden Flamme das Feuer der Herde nähren und an das Licht der Göttin und den eigenen lodernden Funken erinnern. Außerdem sollte es in einem Feuerritual für eine reichhaltige Ernte sorgen. Mit über 70 Jahren verstarb die Heilige Brigid und machte das Unmögliche möglich, denn mit ihr wird bis zum heutigen Tag eine keltische Göttin als Christin verehrt.

KÜNSTLERIN UND ARTISTIN

Die Göttin Brigid steht traditionell für das Neue. Aus ihrer reinen Unbedarftheit heraus war sie bestrebt, Neuland zu betreten. Ihre Kraft resultierte dabei aus ihrer Unerfahrenheit. Durch ihren reinen Mut, sich auf Neues einzulassen, hat sie den Wandel von der keltischen Göttin zur verehrten christlichen Heiligen vollzogen. Dabei zeichnete sie sich durch Furchtlosigkeit und das Vertrauen in die eigenen Fähigkeiten aus.

Immer dann, wenn du bereit bist, Neuland zu betreten, wirst du mit der Kraft der Göttin Brigid mannigfaltige Ideen erhalten, dein Ziel zu erreichen. Mit ihr bist du an keine Regeln gebunden und musst keine Konsequenzen befürchten. Folge deinem Impuls, dich auf Neues einzulassen, ohne vorher mögliche Folgen abzuwägen, und du wirst die Künstlerin und Artistin in dir entfesseln.

In der Schwingung der Göttin Brigid begibst du dich in ganz neue Erfahrungsbereiche. Mit nichts als der Leichtigkeit im Rucksack tanzt du den Tanz eines freien Lebens. Vorbehalte und Grenzen zählen nicht, denn noch hast du keine Erfahrungen damit und kannst die aufkommenden Ideen in frische Formen bringen.

Mit Brigids Führung erlangst du die Selbstsicherheit, mit deinen eigenen Händen Handwerkskunst zu schaffen, ist Brigid doch die Göttin der Schmiedekunst. Aus ein paar wenigen Zutaten und der Kraft ihres Körpers schafft sie eine ganz neue Form. Sie ist eine Wandlerin und lässt dich diesen Aspekt auch in dir entdecken. Selbst ohne Vorerfahrung wirst du in der Verbindung mit der Kraft der Göttin Brigid Schritt für Schritt Erfolge erzielen und deine eigenen Erwartungen übertreffen können. Gleichzeitig wirst du diese neue Leichtigkeit und Kreativität auch zum Wohle anderer einzusetzen wissen. Als Heilerin arbeitete Brigid mit der heilsamen Schwingung des Lichts. So gelten auch heute noch für viele Menschen die zu Imbolc (1. Februar) geweihten Kerzen als besonders unterstützend bei Heilungsgebeten und -prozessen.

Du spürst Brigids Kraft immer dann in deinem Leben, wenn du bereit bist, dich von allen Einschränkungen zu lösen. Auch wenn die Heilige Brigid als Nachfahrin der Göttin Brigid oftmals mit der Farbe Weiß als Zeichen ihrer Unschuld in Verbindung gebracht wird, so ist die Göttin Brigid die Zauberin der Farben. Aus der Farbe Weiß entsteht der Regenbogen, und so kannst du aus der Reinheit heraus die Vielfalt der Farben in die Welt fließen lassen. Kleide dich bunt, so bunt wie die Natur sich dir mit ihrer Farbenpracht zeigt. Folge keinen Konventionen, sei frei in allem, wofür du dich entscheidest. Aus dieser Freiheit heraus kannst du dich ganz neu erfinden.

INSPIRATIONSRITUAL

Das folgende Ritual unterstützt dich dabei, dich mit deiner inneren Künstlerin und Artistin zu verbinden, um mit der Göttin in dir und mit Brigid in Kontakt zu kommen, aber vor allem um deine Kreativität auf allen Ebenen zu erwecken und deine Stabilität zu fördern.

Für dieses Ritual benötigst du:
- 1 kurze grüne Kerze
- 1 kurze violette Kerze
- 1 kurze gelbe Kerze
- 1 kurze braune Kerze
- 1 Büroklammer
- 8 Tropfen Zimtrindenöl
- 1 Feuerzeug oder Streichhölzer
- Die Rune »Kenaz«[3] oder die Karte »Brigid« oder die Karte »Kunst XIV«[4]

- *Horche in dich hinein, und frage dich, warum du heute dieses Ritual durchführen möchtest. Welche Absicht hast du?*
- *Setze dich in der Natur oder zu Hause an deinen Altar: Baue einen Kreis, einen heiligen Platz auf, in dem du die Elemente anrufst.[5] Konzentriere dich auf das, was du vorhast, und lasse dich nicht*

---

3   Alternativ kannst du die Runenkarte Kenaz aus dem Kartenset von Antara Reimann/Roland Scholz: »Runenorakel« (erschienen im Schirner Verlag, 2018) nutzen.
4   Die jeweilige Karte findest du hier: Brigid: Anne-Mareike Schultz/Petra Arndt: »Avalon – Spüre das Licht der Kelten in dir« (erschienen im Schirner Verlag, 2018), Kunst XIV: Nutze hierfür ein klassisches Tarot-Kartenset deiner Wahl.
5   Eine Anleitung hierzu findest du im Kapitel »Die Anrufung« ab Seite 22.

durch Dinge im Außen wie das Telefon oder etwas Ähnliches ablenken.

- *Entzünde deine Altarkerze, und mache dir bewusst, dass dies dein inneres Feuer ist, dein Licht sowie das göttliche Feuer.*
- *Wenn du möchtest, kannst du jetzt die Utensilien für dieses Ritual mit Weihrauch oder Salbei räuchern.*
- *In welchen Bereichen suchst du Kreativität? Wo möchtest du ideenreicher sein oder erfinderischer? In welchem Bereich suchst du Inspiration? Wo dürfen deine Ideen übersprudeln? Ritze die Antworten mit der Büroklammer in die gelbe und die braune Kerze.*
- *Was hält dich davon ab, deine Kreativität zu leben? Welche Blockaden oder Widerstände gibt es in dir? Welche Glaubenssätze kommen hoch? Ritze die Antworten mit der Büroklammer in die violette und die grüne Kerze.*
- *Reibe alle Kerzen mit dem Öl ein, und mache dir dabei bewusst, dass du Altes und Überholtes transformierst und Neues sowie Meisterungen in dein Leben ziehst.*
- *Lege die Karte bzw. die Rune in die Mitte deines Altars, stelle die Kerzen an jede Ecke der Karte oder Rune, die violette rechts hinten, die grüne links hinten, die gelbe links vorne und die braune rechts vorne, entzünde sie, und sprich folgende Worte laut aus: »Hiermit nehme ich mich an und lasse meine Kreativität leuchten und lodern. Ich werde mir bewusst, dass ich mein Leben selbstbestimmt gestalten kann und ich eine Quelle der Inspiration bin und dieser Quelle in mir vertrauen kann. Ich darf meinen Ideen freien Lauf lassen, und ich erlaube mir, mein Leben selbst zu bestimmen und in die eigene Hand zu nehmen. Ich bin lichtvoll und lasse dies nun zu – mit der Unterstützung der göttlichen Kraftquelle, die in allem sprudelt. Die kraftvollen, liebevollen und unterstützenden*

Ahnen halten mich, die Elemente begleiten mich, und die Große Göttin führt mich auf meinem von Licht durchfluteten Pfad, damit die schweren Energien in mir nun transformiert werden können. Ich lasse Ängste, Glaubenssätze, Widerstände und Blockaden los und erlaube mir, dass ich die Wahl habe. Ich gestatte mir, mich selbst zu sehen und meine Schöpferkraft ins Unendliche wachsen zu lassen. Ich danke den alten Göttinnen und Göttern und meinen Verbündeten dafür, dass sie Zeugen meines Pfades sind. Ich trage die Verantwortung für mich selbst und lasse alles frei, was mir nicht mehr dienlich ist.«[6]

- *Lasse die Kerzen nicht unbeobachtet ausbrennen.*
- *Anschließend danke den Energien und dir selbst für die Schritte, die du gerade getan hast.*
- *Lasse den heiligen Raum sich wieder auflösen, und komme ganz zurück in deinen Alltag.*

AFFIRMATION

»Ich bin kreativ.
In mir entstehen neue Ideen,
die sich kreativ in der Welt manifestieren.
Ich darf erschaffen.«

---

6   Bedenke dabei immer, dass jeder von uns einen freien Willen hat und wir niemanden zu Veränderungen zwingen dürfen.

Kriegerin und Jägerin
 Göttin Morrigan

GÖTTIN MORRIGAN

Morrigan ist eine Göttin der keltischen Mythologie Irlands. Sie steht für den Krieg, den Kampf und für Sexualität und wird häufig mit der Halbschwester von König Artus und Priesterin Morgan aus Avalon in Zusammenhang gebracht, jedoch ist eine Verbindung eher unwahrscheinlich. Oft wird sie als eine dreifältige Göttin beschrieben, die zum einen als schöne junge Jägerin erscheinen kann und als solche Fruchtbarkeit und Sexualität verkörpert, aber auch als die Kriegsgöttin mit rotem Haar, die sich in einen Raben verwandeln kann, sowie als geisterhafte alte Frau, die als Todesbotin fungiert. Ihre Legenden sind eng verwoben mit Heldengeschichten und klingen oft fantastisch. So tritt sie als Gegenspielerin des Helden Cúchulainn als rotes einbeiniges Pferd, das einen Wagen zieht, in Erscheinung. Sie verspottet den Helden, wodurch seine Kampfeswut entfacht wird, und verleitet ihn auf diese Weise zum Krieg. Auch nimmt sie die Gestalt einer schönen jungen Frau an, um sich mit dem Helden zu vereinen. Tragischerweise jedoch weist er sie ab. Damit hat er ihre Wut entfesselt und ein Ungleichgewicht erschaffen. Während des Kampfes wartet sie als verwandelter Aal in einer Furt auf ihn, um ihn abzulenken, was ihr gelingt – Cúchulainn wird verwundet. Er kämpft im Folgenden einerseits gegen die Göttin, die sich inzwischen in eine Wölfin verwandelt hat, und andererseits gegen seine Gegner in der Schlacht. Die Übermacht beider

Seiten ist zu viel für den Helden, und er bittet die erneut verwandelte Morrigan um Hilfe, die nun die Gestalt einer Alten mit einer dreizitzigen Kuh angenommen hat. Die Milch, die er von ihr als Trank erhält, weckt seine Lebensgeister wieder, und er spricht einen Segen aus, der Morrigan milde stimmt und versöhnt. Die Göttin sucht daraufhin nicht länger den Tod des Helden, sondern möchte, dass es fortan ein ausgeglichenes Kräfteverhältnis gibt.

Andere Legenden berichten, dass Morrigan an Flüssen und Bächen auf Krieger wartet, um diesen ihr Schicksal aufzuzeigen, sie gilt demnach als Weissagerin. Sie tritt dann als wilde struppige Alte in Erscheinung, der ein schriller gellender Schrei entfährt, um den Kriegern in Form einer Vision ihren Tod zu zeigen.

Die Geschichte der Göttin Morrigan lehrt uns, dass Lebens- sowie Zerstörungskräfte ganz eng miteinander verbunden sind. Morrigan sucht die Auseinandersetzung, doch sie möchte nicht um jeden Willen zerstören, sondern aufzeigen, dass man sich verteidigen kann und seine Kämpfe stets weise wählen sollte. Zudem zeigt sie uns, dass die sexuelle Erregung und die Kampfeswut gleichermaßen überwältigende Leidenschaften sind, und beide sollten weise gelebt werden. Auch wenn die Göttin mitunter sehr düster beschrieben wird, sollte sie uns keine Angst machen, denn die Dunkelheit ist nichts Böses oder Schlechtes, sondern immer ein Teil des Ganzen. Diese Erkenntnis hilft uns, mit den Tiefen unseres Seins in Kontakt zu kommen und zu erkennen, dass die Dunkelheit ein Teil von jedem von uns ist. Ohne die Nacht gibt es keine funkelnden Sterne oder auch keinen neuen Morgen, die Nacht gibt uns Zeit zur Erholung, Entspannung und zum Rückzug und schenkt uns neue Energie.

Jede starke Persönlichkeit hat in ihrem Leben zumindest eine Dunkelheit überwunden, um diese Stärke für sich zu nutzen. Die Göttin Morrigan kann dabei an deiner Seite stehen und dir helfen, dich in deine wahre Größe hineinzubegeben, dich nicht verspotten zu lassen oder auch die Kraft und den Mut in dir zu erwecken, zu dir und deinem Weg zu stehen. Sie wird dich nicht ins Dunkle ziehen, sondern wird dir eine Fackel sein, um die Dunkelheit zu erleuchten, sie anzunehmen, vielleicht auch schätzen zu lernen und zu überwinden. Sie erinnert dich daran, dass du eine Kämpferin bist und zugleich nicht mehr kämpfen musst, aber sie darf dir auch den Impuls geben, für dich einzustehen, denn du bist all diese Facetten, und Morrigan hilft dir, dies zu erkennen.

KRIEGERIN UND JÄGERIN

Die Göttin Morrigan ist sich ihrer Fähigkeiten bewusst und scheut sich nicht, ihre Kampfkraft einzusetzen, wenn erforderlich. Meist wählt sie den Weg der friedvollen Kriegerin. Aggressiv reagiert sie nur, wenn sie ungerechtfertigt provoziert wird. Ihre Gelassenheit entspringt dem Wissen, dass sie ihr Leben ohne Zwänge leben darf und will.

Mit der Kraft der Morrigan lebst du unabhängig und versorgst dich selbst. Sicherlich wirst du in der heutigen Zeit nicht mehr mit Pfeil und Bogen in den Wald ziehen, um dir dein Essen selbst zu jagen oder zu sammeln. Du hast dich mit den heutigen Gepflogenheiten arrangiert und kannst gut für deine Bedürfnisse einstehen. Morrigans Fähigkeiten, in Krisenzeiten taktisch überlegt vorzugehen, machen dich zu einer kraftvollen Kämpferin. Ihr impulsives Herzfeuer, das auch in dir wirkt, entfacht in Streitsituationen oftmals einen Flächenbrand. Deshalb brauchst du in zwischenmenschlichen Auseinandersetzungen auch selten menschliche Unterstützung. Sicherlich bist du offen, Beratung anzunehmen und diese in deine Überlegungen einzubinden, dank der kampfstarken Kraft der Morrigan aber bist du selten auf fremde Hilfe angewiesen.

Frauen mit den Facetten der Morrigan sind sehr schwer einzuschätzen. Andere Menschen können sie häufig nicht einordnen. Ihr selbstbewusstes Auftreten irritiert manche Menschen. Bei besonders unsicheren Menschen erzeugt ihre kompromisslos wirkende Art Angst. Dabei ist dieses Auftreten lediglich eine Auswirkung ihrer inneren Klarheit. Zeigst du deine eigenen Grenzen klar auf, d. h. strahlst du diese aus, sodass sie von deinen Mitmenschen wahrgenommen werden? Erkennst du im Gegenzug auch die unsichtbaren, teilweise kaum wahrnehmbaren Grenzen der Menschen in deiner Umgebung?

Eine Frau, die mit der kriegerischen Kraft der Morrigan verbunden ist, wirkt häufig brachial in ihren Handlungen. Sie ist in ihren emotionalen Reaktionen immer am Limit. Sie kann kämpfen und lieben mit einem enormen Feuer. Sexuelle Lebendigkeit und extreme Wut sind Geschwister auf derselben Couch. Beide resultieren aus derselben Impulsivität. Eine Kriegerin wie Morrigan kennt beide Facetten. In ihrer Wut wirkt sie überschäumend und gefährlich. Im nächsten Moment ist der Sturm vorbei, und die Wogen sind geglättet. Dies ist nicht nur ein äußerlicher Eindruck. Für eine Kriegerin wie Morrigan ist die Situation aufgearbeitet und erledigt.

Im Grunde deines Herzens legst du gar keinen Wert darauf, siegreich aus einem Streit oder einer der Klärung bedürftigen Situation herauszugehen. Dir erscheinen Fairness und Begegnung auf Augenhöhe interessanter und wirkungsvoller. Wird jedoch diese Fairness missachtet, tritt deine innere Kriegerin in den Vordergrund und, wenn unvermeidbar, auch in den »Ring«. Angst ist ein dir unbekanntes Gefühl. Niemals verkaufst du dich unter Wert, du stehst zu jeder Zeit für dich ein.

In jungen Jahren steht dir in Krisensituationen manchmal dein wilder und unbändiger Anteil im Weg. Dein impulsiver Anteil drängt zu schnell in den Vordergrund. Mit zunehmender Lebenserfahrung entwickelst du mehr Begeisterung am taktischen Geschick. Du jonglierst mit Freude mit deinem Spannungsbogen zwischen Wildheit und Spontaneität und dem berechnenden Wesen der Taktikerin. Die Weisheit, gepaart mit der inneren Wildheit der Morrigan, wird dich im Alter mit Neugierde zu neuen Erfahrungen antreiben. Du wirst immer der Stimme in deinem Herzen folgen und mit Inbrunst dein Herzblut fließen lassen.

ZIELERREICHUNGSRITUAL

Das folgende Ritual unterstützt dich dabei, dich mit deiner inneren Jägerin und Kämpferin zu verbinden, um mit der Göttin in dir und mit Morrigan in Kontakt zu kommen, aber vor allem, um Ziele klar formulieren und diese nun auch umsetzen zu können.

Für dieses Ritual benötigst du:

- 1 schwarze Feder
- 1 ca. 30 cm langen weichen Weidenast
- grobe Bastelschnur oder Hanfband
- Klebstoff
- 1 Textmarker

- *Horche in dich hinein, und frage dich, warum du heute dieses Ritual durchführen möchtest. Welche Absicht hast du?*
- *Setze dich in der Natur oder zu Hause an deinen Altar: Baue einen Kreis, einen heiligen Platz auf, in dem du die Elemente anrufst.[7] Konzentriere dich auf das, was du vorhast, und lasse dich nicht durch Dinge im Außen wie das Telefon oder etwas Ähnliches ablenken.*
- *Entzünde deine Altarkerze, und mache dir bewusst, dass dies dein inneres Feuer ist, dein Licht sowie das göttliche Feuer.*
- *Wenn du möchtest, kannst du jetzt die Utensilien für dieses Ritual mit Weihrauch oder Salbei räuchern.*
- *Was ist dein Ziel, das du erreichen möchtest? Was ist es, was du tun möchtest? Wie möchtest du dich dabei fühlen? Suche in dir nach genau einem Wort, das dein Ziel beschreibt.*

---

7 Eine Anleitung hierzu findest du im Kapitel »Die Anrufung« ab Seite 22.

- *Nun schreibe dieses Wort mit dem Textmarker auf die Feder.*
- *Aus dem Weidenast und der Schnur bastle einen kleinen Bogen. Versieh ihn mit einer Aufhängung.*
- *Klebe die Feder nun wie einen Pfeil in den Bogen, und sprich folgende Worte laut aus: »Hiermit nehme ich mich und meinen Willen, mein Ziel zu erreichen, an. Ich werde mir bewusst, dass ich mein Leben selbst bestimme und ich es wert bin, dass sich mein Ziel in die Tat umsetzt. Ich darf für mein Ziel kämpfen und es im Auge behalten, denn ich erlaube mir selbst, mein Leben zu bestimmen und in die eigene Hand zu nehmen. Ich bin lichtvoll und lasse dies nun zu – mit der Unterstützung der göttlichen Kraftquelle, die in allem sprudelt. Die kraftvollen, liebevollen und unterstützenden Ahnen halten mich, die Elemente begleiten mich, und die Große Göttin führt mich auf meinem von Licht durchfluteten Pfad, damit die schweren Energien in mir nun transformiert werden können. Ich lasse Trägheit, Desinteresse, Ausreden und Starre los und erlaube mir, dass ich die Wahl habe. Ich gestatte mir, mich selbst zu sehen und dass meine Ziele Wert haben und in die Wirklichkeit treten können. Ich danke den alten Göttern und meinen Verbündeten dafür, dass sie Zeugen meines Pfades sind. Ich trage die Verantwortung für mich selbst und lasse alles frei, was mir nicht mehr dienlich ist.«[8]*
- *Hänge den Bogen nun in einen Apfelbaum oder Haselstrauch, und lasse ihn dort.*
- *Anschließend danke den Energien und dir selbst für die Schritte, die du gerade getan hast.*

---

8 Bedenke dabei immer, dass jeder von uns einen freien Willen hat und wir niemanden zu Veränderungen zwingen dürfen.

- *Lasse den heiligen Raum sich wieder auflösen, und komme ganz zurück in deinen Alltag.*

AFFIRMATION

»Ich sehe mein Ziel klar vor mir.
Ich bin bereit und willens, meinen Teil zur Erreichung zu tun.
Ich lasse zu, dass sich mein Weg für mich fügt.«

Jungfrau und Jugendliche
 Göttin Gefion

GÖTTIN GEFION

Die Göttin Gefion ist Teil der germanischen Mythologie und gehört zum Göttergeschlecht der Asen. Man hat sich Gefion stets als eine junge Frau vorgestellt, doch sie war deshalb nicht unerfahren, sondern sehr weise und so rein wie der Morgentau. Sie gilt als die Schutzherrin der Frauen, die jungfräulich, jung oder unverheiratet starben. Zudem ist sie die Göttin der Familie und des Glücks. Sie weiß um das Schicksal der Welt, ebenso wie der Gottvater Odin. Odin war es auch, der ihr die Aufgabe übertrug, den Menschen ein schönes Land zu erschaffen. Gefion verkleidete sich als fahrende Sängerin, um mit ihrem göttlichen Gesang am Hof von Schweden den König Gylfi zu verzaubern. Der König war so gebannt von ihr und ihrem Gesang, dass er versprach, sie dürfe jegliches Land für sich behalten, das sie mit vier Ochsen in einem Tag und einer Nacht pflügen könne. Die kluge Gefion pflügte das Land, wie ihr gesagt wurde, allerdings mit Ochsen aus dem Reich der Riesen. Sie spannte jene mächtigen Tiere vor den Pflug, der so tief ins Land schnitt, dass sie einen Teil von Schweden trennte. Die Ochsen zogen diesen Teil ins Meer, und aus ihm entstand, so heißt es, das heutige Seeland von Dänemark.

In einer anderen Überlieferung sind die Ochsen ihre eigenen Kinder, die sie einem Riesen geboren hat, denn die Kinder der nordischen Götter erscheinen in den wunderlichsten Gestalten, aber immer mit besonderer Kraft. Nachdem sie nun das schöne Land erschaffen hatte, wie Gott Odin ihr aufgetragen hatte, heiratete sie Odins Sohn Skjöld, um dann mit ihm gemeinsam die Insel als Königspaar zu bewohnen. Gefion war wie so viele nordische Götter und Göttinnen nicht vor dem Spott des Gottes Loki, einem besonders trickreichen und listigen Gott, gefeit. Dieser unterstellte ihr, dass sie nicht nur wegen ihrer Gesangskünste, sondern aufgrund sexueller Gefälligkeiten das Land vom schwedischen König erhalten habe, was Gefion nie verneinte. Gefion erwiderte, dass Lokis Beschuldigungen und sein Drang, die Asengötter herabzuwürdigen, ein Ausdruck seines eigenen Hasses für sich und das Göttergeschlecht sei. Odin mahnte Loki, die Göttin nicht zu erbosen, da sie mehr Wissen in sich trage als er – Loki glaube in diesem Fall zwar, zu wissen, aber in Wahrheit sei er ahnungslos.

Sich als junge Frau seiner selbst und seiner Wünsche bewusst zu sein, ist eines der Geschenke der Jugend und darf mit Weisheit gelebt werden. Die Jungfräulichkeit – und damit die Verantwortung für den eigenen Körper, die eigene Lust und Unbedarftheit, die eine junge Frau ausstrahlt – hat nichts mit einem unverletzten Hymen[9] zu tun, sondern mit der Kraft, die in jeder Frau liegt, die noch nicht von Familie, Partnerschaft und Verantwortung geprägt ist.

---

9   Auch Jungfernhäutchen genannt, ein intaktes Hymen gilt als Zeichen für noch nicht erfolgten Geschlechtsverkehr und damit Jungfräulichkeit.

JUNGFRAU UND JUGENDLICHE

Du bist schon lange über die Phase der Jugendlichen und Jungfrau hinweg und fragst dich, was dir die hier beschriebenen Informationen geben können? Du bist immer wieder und in jedem Lebensabschnitt mit der Qualität der Jungfrau und der Jugendlichen verbunden. Der Aspekt der Jungfräulichkeit bezieht sich im weiten Sinne nicht nur auf noch nicht erfolgten Geschlechtsverkehr, sondern kann alle Ebenen deines Lebens betreffen. Jedes Mal, wenn du einen neuen Abschnitt deines Lebensweges betrittst, befindest du dich wieder in der Rolle der Jungfrau. Alles ist neu und ungewohnt. Auch wenn du in deinem Leben bereits viele Erfahrungen gemacht hast, so betrittst du, bezogen auf die nächste Ebene, Neuland.

In der Phase der Jugendlichen, der noch unberührten Jungfrau, bewegst du dich zwischen zwei sehr prägenden Lebensabschnitten. Unbefleckt wie frisch gefallener Schnee spürst du bereits die aufkeimenden Signale des Aufbruchs. In die gewohnten Gepflogenheiten deines bisherigen Familienverbundes fühlst du dich zwar sicher eingebunden, spürst aber auch die Enge und Begrenzungen. Es ist das Erwachen des Frühlings, das du nun in dir spürst. Du hörst den Ruf der Welt, bist neugierig auf das Neue, möchtest dich selbst erfahren. Du willst endlich prüfen, was du bisher von anderen über das Leben gelernt hast und die bisherigen Grenzen sprengen. Du glaubst, alles zu wissen, und doch ist dieses Wissen nur theoretischer Natur. Jetzt drängt es dich dazu, alles zu überprüfen. Du fühlst dich offen und möchtest frei sein, das Leben auszuprobieren, auf die Theorie praktische Erfahrungen folgen zu lassen. Die bisherigen Grenzen wollen überwunden werden. Aus dieser Unbedarftheit der Jugendlichen heraus fühlst du dich unbesiegbar und frei. Aus deiner Sicht ist jetzt die Zeit gekommen, mutig hinauszutreten und dich neuen Herausforderungen zu stellen. Vielleicht sind deine ersten Schritte auch zaghaft. Schließlich ist alles noch neu. Du weißt den stützenden Arm deiner Familie und bisherigen Begleiter an deiner Seite, der dir Rückhalt bei deinen ersten Schritten gibt. Wie die meisten Jugendlichen glaubst du vielleicht, dass du diesen Arm nicht brauchst, schließlich hast du vermeintlich ja schon vieles erlebt. Und doch ist es jetzt das Wichtigste, das richtige Tempo deines Handels auszutesten. Wozu bist du wirklich schon in der Lage und bereit? Was überfordert dich vielleicht noch? Wovor zierst du dich noch ein wenig, was traust du dir noch nicht zu?

In der Phase der Jungfrau und Jugendlichen experimentierst du viel, und das ist auch gut so. Ohne diesen Mut zur Eroberung von Neuland würdest du nur in den ausgetretenen Pfaden deiner Vorfahrinnen gehen. In vieles wird nun »hineingerochen«. Es ist die Zeit des »Versuch macht klug«, ohne vorheriges tieferes Abwägen der Konsequenzen.

Sich selbst kennenzulernen steht in dieser Phase auf dem Lebensplan. Was mag ich, was tut mir gut? Wozu bin ich schon fähig, wozu bereit? Diese Phase wird auch manchmal beschrieben als »nicht Fisch, nicht Fleisch«, da in ihr Entscheidungen häufig sehr wankelmütig erscheinen. Stellt sich dir in deiner Phase eine alte und weise Frau zur Seite, die diese Phase schon lange erfolgreich überstanden hat, kannst du dich glücklich schätzen. Sie wird dich handeln lassen, dich beobachten und beraten, aber dich niemals maßregeln oder sich aufdrängen. Und solltest du einmal zu schüchtern auftreten, wird sie dir Mut zum Vorwärtsgehen schenken. Dies wird dir Sicherheit und Gelassenheit verleihen, sodass du unter diesem Schutz mutig Neues erobern kannst.

Unter dem Aspekt der Jungfrau und Jugendlichen trägst du die Reinheit des Neubeginns in dir. Möglicherweise erwacht in dieser Phase des Neubeginns deine Sexualität erneut, lässt dich deine eigene

Sinnlichkeit erfahren. Manchmal fühlst du dich zu hässlich, um dich selbst anzuerkennen. Beobachte die Natur, wenn sie nach dem Winter erwacht. Nichts steht bereits in voller Blüte, manches wirkt noch schrumpelig und klein. Würden sich die Pflanzen davon beeinflussen lassen und sich nicht dem Leben entgegenrecken, so würde uns ihre Schönheit verwehrt bleiben – vergleichbar mit jeder Frau in der Phase der Jungfrau und Jugendlichen.

Leider fehlt vielen Frauen in der heutigen Zeit häufig die tragende Kraft der weiblichen Verwandten, die in früheren Zeiten die junge Frau sicher auf ihren ersten Schritten begleitet haben. Meist sind wir auf uns allein gestellt, wenn es darum geht, die eigene körperliche Veränderung zu akzeptieren und sich auf das Wunder der erwachenden Frau einzulassen.

Der Zauber dieses Aspekts der Weiblichkeit liegt in der neugierigen Unbedarftheit, mit der das Leben genossen wird. Die Welt ist offen, um umarmt zu werden. Sie will erforscht und erobert werden. Bisher haben wir häufig noch keine eigenen negativen und blockierenden Erfahrungen gemacht. Wenn du die Glaubenssätze und Erfahrungen deiner Familie hinter dir lässt, kannst du dich aufmachen, das Leben neu zu erfinden. Tanze dem Neuen entgegen, lache dem Regen ins Gesicht. Traue dich, Neues herauszufordern. Fällst du hin, bleibe liegen, atme durch, grinse breit, und stehe wieder auf. Es ist nur das ungewohnte Leben, das dich gerade im Nacken gepackt hat und ein wenig schüttelt. Du hast die Freiheit, Neues zu entwickeln. Diese Freiheit ist der Dünger auf alten Strukturen, damit sie aufbrechen und sich verändern können. Das Leben ist ein Kreislauf, und selbst wenn du die Phase der Jungfrau und Jugendlichen vielleicht schon lange hinter dir gelassen hast, kann es dir im Leben passieren, dass du wieder am Anfang stehst. Neue Projekte, neue Ideen, neue Lebensabschnitte wollen bewältigt werden. Du bist es, die den Acker bestellt und deine Samen hinaus auf das Feld bringt. Du bist das Neue, das in die Welt geht und neue Wege beschreitet. Rein wie die Jungfrau in ihrer Unerfahrenheit beginnst du, dich der neuen Herausforderung mit allen Konsequenzen zu stellen. Wie die Göttin Gefion selbstbestimmt gewirkt und sich ihren eigenen Zielen hingegeben hat, so kannst auch du eigenständig dein Leben wählen und darin wirken. Sei dir gewiss, es wird auf jedem Weg Menschen geben, die über dich urteilen oder gar über dich richten wollen. Aber die Jugendliche und Jungfrau in dir hat eine besondere Kraft, denn sie glaubt an sich und lässt sich nicht beirren. Mit ihren Aspekten bist du bereit, Fehler zu machen, denn ganz tief in dir weißt du, dass diese Fehler für dich wichtig sein können. Vertraue dir. Traue dich, und lasse diese Unbeschwertheit des Neuanfangs in dein Leben.

RESETRITUAL

Das folgende Ritual unterstützt dich dabei, dich mit deinem jugendlichen und angstfreien Selbst zu verbinden, deine Unbeschwertheit in den Vordergrund zu stellen und mit der Göttin in dir und mit Gefion in Kontakt zu kommen. Vor allem aber hilft es dir, alte Programme der Begrenzung und der Furcht zu lösen.

Für dieses Ritual benötigst du:

- 1 Badewanne[10]
- Morgentau[11]
- 2 Händevoll Eschenblätter
- 2 Händevoll Kamillen[12]
- 13 Tropfen Palmarosaöl

- *Horche in dich hinein, und frage dich, warum du heute dieses Ritual durchführen möchtest. Welche Absicht hast du?*
- *Errichte einen kleinen Altar neben deiner Badewanne, baue einen Kreis, einen heiligen Platz auf, in dem du die Elemente anrufst.[13] Konzentriere dich auf das, was du vorhast, und lasse dich nicht durch Dinge im Außen wie das Telefon oder etwas Ähnliches ablenken.*
- *Entzünde deine Altarkerze, und mache dir bewusst, dass dies dein inneres Feuer ist, dein Licht sowie das göttliche Feuer.*

---

10   Falls du keine Wanne hast, dann kannst du auch ein Fußbad nehmen.
11   Im Winter kannst du auf frisch gefallenen Schnee zurückgreifen.
12   Am besten eignen sich frische Kamillen, wenn du jedoch nur getrocknete zur Hand hast, dann nimm gern diese.
13   Eine Anleitung hierzu findest du im Kapitel »Die Anrufung« ab Seite 22.

- *Wenn du möchtest, kannst du jetzt die Utensilien für dieses Ritual mit Weihrauch oder Salbei räuchern und im Anschluss griffbereit an den Wannenrand stellen.*
- *Lasse nun Wasser mit einer dir angenehmen Temperatur in die Wanne, streue die Zutaten sowie den Morgentau ins Wasser und träufle das Öl hinein. Sprich folgende Worte laut aus: »Hiermit nehme ich mich und meine endlose und grenzenlose Jugend an und verbinde mich mit meinem angst- und sorgenfreien Selbst, was nicht bedeutet, dass ich naiv bin – ich bin einfach frei und mutig. Ich werde mir bewusst, dass ich mein Leben selbst bestimme und mir der Kurs meines Pfades bekannt ist. Meine Unbeschwertheit tritt wieder in den Vordergrund, und alle alten, blockierenden Programme der Begrenzung und der Furcht dürfen sich fortan auflösen. Ich bin lichtvoll und lasse dies nun zu – mit der Unterstützung der göttlichen Kraftquelle, die in allem sprudelt. Die kraftvollen, liebevollen und unterstützenden Ahnen halten mich, die Elemente begleiten mich, und die Große Göttin führt mich auf meinem von Licht durchfluteten Pfad, damit die schweren Energien in mir nun transformiert werden können. Ich gestatte mir, mich wieder jung und ungebrochen zu fühlen und auf dieses Gefühl zu vertrauen. Ich danke den alten Göttern und meinen Verbündeten dafür, dass sie Zeugen meines Pfades sind. Ich trage die Verantwortung für mich selbst und lasse alles frei, was mir nicht mehr dienlich ist.«*
- *Nun lege dich in die Wanne, und spüre, wie das Wasser deinen Körper reinigt und die Wärme, die Zutaten, der Morgentau und das Öl dich daran erinnern, dass du dich jeden Tag erneuerst und dich wieder jung fühlen darfst. Lege deine Hände auf die Stelle, an der du am präsentesten spürst, dass sie die Verjüngung braucht. Wiege dich, und genieße diesen entspannten Zustand. Lasse alle*

Vorwürfe beiseite, und richte dich neu aus. Erlebe, wie du durch das wärmende Wasser erwachst und dich selbst halten kannst.

- *Nach Beendigung des Bades nimm die Blätter und Blüten, und verstreue sie in der Natur.*
- *Danke den Energien und dir selbst für die Schritte, die du gerade getan hast.*
- *Lasse den heiligen Raum sich wieder auflösen, und komme ganz zurück in deinen Alltag.*

AFFIRMATION

»Ich bin bereit, mich zu verändern.
Vor mir liegt ein Leben in Unbeschwertheit und Leichtigkeit.
Ich nehme dieses Leben an.«

Sinnliche und Leidenschaftliche Göttin Rhiannon

GÖTTIN RHIANNON

Die Göttin Rhiannon ist Teil der keltischen Mythologie und begegnet uns in ihren Legenden als besonders willensstarke Göttin. Neben den Attributen Sexualität und Wollust wird sie vor allem mit Schönheit, dem Mond sowie mit Pferden assoziiert. Rhiannon erscheint auf einer weißen Stute und mit zwei Zaubervögeln, die Botschaften aus der Anderswelt bringen. Zudem sind der Kamm, der Spiegel und die Muschel typische Gegenstände der Rhiannon.

Ihr Vater ist der König der Unterwelt. Er versprach Rhiannon einem älteren Mann der Unterwelt, jedoch war sie mit dieser Verbindung nicht einverstanden. So nahm die clevere Göttin ihr Schicksal selbst in die Hand und ritt mit ihrer weißen Stute in die Welt der Menschen. Sie erschien auf einem Hügel, der als der Eingang in die Anderswelt und in das Königreich des Königs Pwyll Pendefig Dyfed galt. Als der König die Göttin erblickte, verliebte er sich. Er schickte zuerst einen Diener zu Fuß zur Göttin, um ihren Namen in Erfahrung zu bringen, doch der Diener konnte die Göttin nicht einholen, und Rhiannon verschwand. Am darauffolgenden Tag erschien sie wieder auf dem Hügel, und der König, der Rhiannon noch immer begehrte, schickte einen seiner schnellsten Reiter zu ihr, aber auch dieser konnte sie nicht einholen. Es schien, als würde der Abstand nur umso größer, je schneller er ritt. Am dritten Tage wusste der König, dass er es selbst versuchen musste, wenn er die Göttin erobern wollte. Er verfolgte sie, aber auch bei seinem Versuch, sie einzuholen, verringerte sich der Abstand zwischen ihnen nicht. Erst als er die Göttin kultiviert und angemessen bat, um der Liebe willen anzuhalten, hielt sie an und verriet ihm ihren Namen. Sie erklärte ihm, dass sie ihn heiraten wolle. Der König selbst hatte einst für ein Jahr in der Anderswelt gelebt. Ihm war bewusst, dass er von einer Göttin erwählt worden war und willigte ein, sie im Reich ihres Vaters ein Jahr und einen Tag später zu heiraten.

Rhiannon gab für die Liebe zu ihrem Ehemann ihr Leben in der Anderswelt auf, kehrte nie wieder zurück und bekam ein neues Leben an der Seite von König Pwyll Pendefig Dyfed geschenkt. Die beiden wurden erst im dritten Jahr ihrer Ehe mit einem Kind gesegnet, das jedoch gleich nach der Geburt von den Kräften des Jenseits entführt wurde. Die Amme des Kindes fürchtete sich vor einer Bestrafung und schob die Schuld auf die Göttin. Der König war verzweifelt, denn er glaubte nicht, dass seine Geliebte den gemeinsamen Sohn hatte umbringen können. Aus diesem Grund verurteilte er sie nicht zum Tode. Stattdessen musste sie die folgenden sieben Jahre die Gäste des Hofes vom Festungstor bis in die Halle tragen und ihnen von ihrer Geschichte berichten. So war der König gewiss, dass die Geschichte des verschollenen Thronfolgers nie in Vergessenheit geraten würde. Am siebten Geburtstag des Kindes wurde es zurück an den Hof gebracht. Es war wie durch Zauberhand als Säugling bei der Stute eines Vasallen aufgefunden worden, die bis zu diesem Zeitpunkt jedes Jahr in der Nacht von Beltane gefohlt hatte. Der Vasall zog das Kind auf, bis ihm in dessen siebten Lebensjahr die Ähnlichkeit zum Königspaar auffiel und er es zurück an den Hof brachte, wo ihn die Göttin am Tor sofort erkannte. Rhiannon wurde von jeglicher Schuld freigesprochen und zog ihren Sohn nun gemeinsam mit ihrem Ehemann in Liebe auf.

Die Legende der Göttin Rhiannon darf uns daran erinnern, dass kein Mann eine Frau zu erobern vermag, die nicht auch von ihm erobert werden möchte. Jede Frau erwählt ihren Mann selbstbestimmt und gibt sich stets nur demjenigen voll und ganz hin, der ihrer wert ist.

SINNLICHE UND LEIDENSCHAFTLICHE

Du bist in einer Zeit der Lebendigkeit und der körperlichen Genüsse angekommen. Dein Körper möchte die Reize genießen und in vollem Umfang erleben. Oft jedoch hindern Erziehung, Ängste und falsche Glaubenssätze Frauen daran, sich diesem Ruf hinzugeben. Mutter Natur fordert dich auf, deine Sexualität anzuerkennen und dich deiner Lust hinzugeben. Sexualität birgt eine enorme Kraft und Energie in sich. Diese Energie der weiblichen Sexualität wird seit Jahrhunderten gefürchtet. Sie verleiht Macht und macht stark. Sie lässt dich erblühen, deine innere Schönheit nach außen fließen. Ein Rot, so intensiv wie frisches Blut, ist die lockende Farbe der Sexualität. Sie ruft: »Sieh mich, ich tanze im lebendigen Sein.« Gibt es innerhalb der Familie ablehnende und verurteilende Ansichten über gelebte Sinnlichkeit und Sexualität, finden sich häufig Blockaden im Bereich der sexuellen Entfaltung, die sich bis hin zu Krankheiten entwickeln können. Gelebte Sexualität und Wollust erlaubt dir, dich dir selbst ganz hinzugeben. Gestatte dir die Erfüllung deiner Sehnsüchte. Du wirst feststellen, dass sich dein Körpergefühl, die Wahl deiner Kleidung und vielleicht sogar dein Körpergeruch merklich verändern werden. Erschrick nicht, wenn Ängste und Widerstände zutage treten. Sie gehören nicht allein zu dir. Es sind die Ängste der Generationen von Frauen vor dir, deiner Ahnenlinie, sowie die Ängste des gesamten weiblichen Kollektivs. Schon immer waren Frauen, die sich ihrer Sexualität und ihrer Möglichkeiten bewusst waren, wegen der daraus resultierenden Macht gefürchtet. Dies hatte in früheren Jahrhunderten nicht selten lebensbedrohliche Konsequenzen. Energie geht nicht verloren, sie kann nur gewandelt werden.

Es ist jetzt für die neue Generation von Frauen an der Zeit, sich ihre Gefühle und Bedürfnisse zu gestatten. Diese neue Sinnlichkeit, die Freude über den Genuss und die Selbstliebe heilen alte Wunden und wandeln die Angst in Leichtigkeit und Freiheit. Das Energiegeflecht der weiblichen Sexualität formt sich jetzt neu. Das betrifft nicht nur die körperlichen Empfindungen. Die Magie, die zwischen zwei Liebenden entsteht, ist ein wertvolles Geschenk, das es wert ist, gepflegt zu werden. In die Schwingung einer geliebten Person einzutauchen und mit ihr liebevoll zu verschmelzen, birgt einen besonderen Zauber in sich.

FREIHEITSRITUAL

Das folgende Ritual unterstützt dich dabei, alte blockierende Verbindungen, Gedanken und Wertvorstellungen sowie Versprechen, die über Raum und Zeit hinweg bestehen, aufzulösen, dich in deinen Wünschen und deiner Lust frei zu fühlen, mit der Göttin in dir und mit Rhiannon in Kontakt zu kommen und alte Programme der Angst vor Sexualität zu lösen. Es geht darum, sich von der patriarchalen und christianisierten Wertvorstellung zu lösen und zu erkennen, dass dir die sexuelle Revolution gefallen darf und du dich von Überholtem frei machen kannst. Du darfst, wie du es für dich genießt, über deinen Körper und deine Leidenschaft bestimmen und dich von allen blockierenden Bindungen befreien, auch wenn das heißt, keine Sexualität zu leben oder eben erst recht.

Für dieses Ritual benötigst du:
- Haare aus dem Schweif eines Pferdes oder Ponys
- 1 Nadel
- Perlen

- *Horche in dich hinein, und frage dich, warum du heute dieses Ritual durchführen möchtest. Welche Absicht hast du?*
- *Begib dich in die Natur, und baue deinen Altar neben einer Feuerstelle auf: Baue einen Kreis, einen heiligen Platz auf, in dem du die Elemente anrufst.[14] Konzentriere dich auf das, was du vorhast, und lasse dich nicht durch Dinge im Außen wie das Telefon oder etwas Ähnliches ablenken.*

---

14 Eine Anleitung hierzu findest du im Kapitel »Die Anrufung« ab Seite 22.

- Entzünde deine Altarkerze, und mache dir bewusst, dass dies dein inneres Feuer ist, dein Licht sowie das göttliche Feuer.
- Wenn du möchtest, kannst du jetzt die Utensilien für dieses Ritual mit Weihrauch oder Salbei räuchern.
- Mache dir bewusst, was dich in deiner Freiheit blockiert. Sind es alte Verbindungen, Gedanken oder Wertvorstellungen? Es können auch Versprechen sein oder auch Angst sowie bestimmte Denkweisen. Benenne sie für dich, nimm dabei für jedes Thema eine Perle in die Hand. Puste dieses Thema dreimal in die Perle. Es geht dabei nicht darum, dich für Verbindungen, Entscheidungen oder Erlebnisse zu verurteilen, sondern darum, dich hier und heute davon frei zu machen.
- Sprich aus, fühle oder stelle dir vor, was nun aus dir gelöst werden darf, und fädle jede Perle auf das Haar. Mache nach jeder Perle drei Knoten.
- Am Ende der Aufreihung verbinde die Enden mit 13 Knoten, und sprich folgende Worte laut aus: »Hiermit nehme ich mich und mein Leben an. Ich werde mir bewusst, dass ich mein Leben selbst bestimme und ich mich von alten blockierenden Verbindungen, Gedanken oder Wertvorstellungen sowie Versprechen über Raum und Zeit befreien kann. Ich erlaube mir, dass ein neues Netz gespannt werden darf, um für mich selbst und meine eigenen Bedürfnisse zu sorgen. Mit dieser Handlung bin ich bereit, die alten Programme der Angst zu lösen, und öffne mich der Freiheit, die ich leben darf. Ich darf Glaubenssätze und Blockaden gehen lassen und ein neues Bild von Lust und Leidenschaft in mein Leben lassen. Ich bin lichtvoll und lasse dies nun zu – mit der Unterstützung der göttlichen Kraftquelle, die in allem sprudelt. Die kraftvollen, liebevollen und unterstützenden Ahnen halten mich, die Elemente

führen mich, und die Große Göttin leitet mich auf meinem von Licht durchfluteten Pfad, damit die schweren Energien in mir nun transformiert werden können. Ich erlaube mir, dass ich die Wahl habe. Ich gestatte mir, mich selbst zu sehen, zu spüren und zu zeigen. Ich danke den alten Göttern und meinen Verbündeten dafür, dass sie Zeugen meines Pfades sind. Ich trage die Verantwortung für mich selbst und lasse alles frei, was mir nicht mehr dienlich ist. Ich darf mich genießen und freimachen.«

- *Hänge den Ring aus Haar und Perlen nun in einen Apfelbaum oder eine Haselstrauchhecke, und werde dir bewusst, dass du dich befreit hast.*
- *Anschließend danke den Energien und dir selbst für die Schritte, die du gerade getan hast.*
- *Lasse den heiligen Raum sich wieder auflösen, und komme ganz zurück in deinen Alltag.*

AFFIRMATION

»Meine Gedanken sind frei.
Mein Körper ist ein Tempel der Lust und des Genusses.
Ich erlaube mir, meinen Empfindungen nachzugeben.«

Liebende Partnerin
 Göttin Nanna

GÖTTIN NANNA

Die Göttin Nanna ist die Ehefrau des Gottes Balder, des Sonnengottes und Sohnes Odins. Obwohl Nanna selbst in der nordischen Mythologie kaum Erwähnung findet, ist die Legende um sie und Balder nicht aus der Götterwelt wegzudenken. Sie ist die Wagemutige oder auch Mutter, aber vor allem Partnerin. Sie gehört zum nordischen Göttergeschlecht der Asen, ihr Sohn ist der Gott Forseti, oberster Richter der Götterwelt, der jeden Tag Recht über die Götter, aber auch über die Menschen spricht.

Der Gott Balder ist der strahlendste aller Götter und trägt alle guten und leichten Eigenschaften in sich. Er ist so schön und gut, dass ein Leuchten von ihm ausgeht. Die Göttin Nanna und Balder leben gemeinsam in Asgard in einem Palast mit dem Namen Breidablick, was »der weiterhin Glänzende« bedeutet. Balder hat eines Nachts einen visionären Traum, in dem er seinen eigenen Tod sieht, der bösartig herbeigeführt wird. Er berichtet seiner Mutter davon, die daraufhin jedem Tier und jeder Pflanze das Versprechen abnimmt, dass sie Balder nichts tun würden. Nur die Mistel lässt sie aus, denn diese wirkt zu schwach und klein. Da dem Gott nun kein Leid zugefügt werden kann, spielen die rauffreudigen Götter ausgelassen in der Halle Odins miteinander und versuchen, Balder mit allerhand hölzernen Gegenständen zu erschlagen, was nun nicht gelingt, da es den Schwur gibt.

Allerdings weiß der listige Gott Loki, dass die Mistel nicht geschworen hat und überredet Balders Zwillingsbruder, den Gott Höder, mit einem Mistelpfeil auf Balder zu schießen. Da Höder blind ist, weiß er nicht, dass es ein Mistelpfeil ist, und Balder stirbt. Die Götterwelt ist erschüttert, denn Balder war ein geschätzter Gott und von allen geliebt. Gott Balder wird daraufhin auf einem Schiff aufgebart und soll auf dem Meer verbrannt werden – die höchste Totenehre der Götter.

Zu seiner Beerdigung sind alle Götter gekommen und sogar die Riesen, denn jeder trauert um den Lichtgott und zweifelt, wie die Welt von nun an fortbestehen soll. Der Tod ihres Geliebten lässt die Göttin Nanna vor Kummer zusammenbrechen, und sie verstirbt an seiner Seite. Man legt sie neben Balder, die Asen setzen das Schiff in Brand, und Gott Thor weiht es mit seinem Hammer Mjölnir. Der Gott Hermodr wird damit beauftragt, die beiden aus dem Reich der Totengöttin Hel zurück nach Asgard zu holen. Dies soll allerdings nur glücken, wenn jedes Lebewesen um Balder trauen würde. Doch der Gott Loki in Gestalt eines Riesen ist nicht gewillt, auch nur eine Träne zu vergießen. Das Götterpaar ist nun im Reich der Hel vereint und kehrt erst zum großen Kampf Ragnaröks, dem Weltuntergang, zurück, wo Balder mit seinem Glanz das Zeitalter der neuen Welt einleitet. Doch was wäre Balder ohne seine Göttin, die die Dämmerung für ihn sein darf?

LIEBENDE PARTNERIN

Mit der »liebenden Partnerin« trägst du eine weibliche Qualität in dir, die auf Förderung und Begleitung fußt. Eine Partnerschaft beruht auf einem gemeinsamen Weg mit vielen unterschiedlichen Stufen, die auf verschiedenste Weise betreten werden können. Der Fokus liegt dabei auf dem gemeinsamen Ziel, das durch die gegenseitige, liebevolle Unterstützung erreicht wird. Als liebevolle Partnerin erkennst du die Stärken deines Partners an und genießt das gemeinsame Nutzen dieser Qualität. Im gleichen Zug wertschätzt du deine eigenen Stärken und schenkst diese eurer Gemeinschaft. In einer liebevollen Partnerschaft ist niemand immer besser und niemand immer schlechter. Es geht nicht um Bewertung, sondern darum, das Geschenk des vom Druck befreiten Gebens und Nehmens zu genießen.

Dieses gegenseitige Verschenken des eigenen Potenzials zur rechten Zeit bringt Leichtigkeit in die Beziehung. Erkenne an, was du erhalten hast. Das ist für den Moment das Maximum, was du bekommen kannst. Vertraue darauf, dass es für diesen Moment völlig ausreichend ist, damit für dich für all deine Bedürfnisse gesorgt ist. Alle anderen Gedanken entspringen nicht der natürlichen Ordnung, sondern entstehen aus unserem gesellschaftlich geprägten Miteinander.

Viel zu leichtfertig wird Partnerschaft heutzutage mit Dienen gleichgesetzt. Hierarchien schleichen sich ein, wodurch die Verbindung ins Ungleichgewicht rutscht. Lebst du in einer Partnerschaft, die aus dem liebevoll unterstützenden und begleitenden Miteinander herausgefallen ist, rufe die Göttin Nanna, und bitte sie, dir aufzuzeigen, worin die Disbalance begründet ist. Gehe in die Stille, und lasse dir Schlüsselszenen zeigen. Danach entscheide, wie es weitergehen kann.

Sehnst du dich nach einer Partnerschaft, in der du dich als liebende Partnerin einbringen und aufgehoben fühlen kannst? Erlebst du immer wieder enttäuschende Beziehungen? Dann überprüfe, ob der Platz an deiner Seite wirklich energetisch frei ist. Es kommt vor, dass alte Partnerschaften aus der Vergangenheit nicht ganz gelöst wurden, sodass der Platz an deiner Seite nicht neu und deinem jetzigen Entwicklungsstand entsprechend harmonisch verbunden werden kann.

Nanna, als die liebende Partnerin an deiner Seite, geleitet dich durch die Reinigungsphase und unterstützt dich dabei, dich neu auszurichten.

PARTNERSCHAFTSRITUAL

*Das folgende Ritual unterstützt dich dabei, alte blockierende Ver-
bindungen, die über Raum und Zeit hinweg existieren, aufzulösen,
Plätze freizugeben und ein neues Netz der Partnerschaft zu spannen,
mit der Göttin in dir und mit Nanna in Kontakt zu kommen und
alte Programme der Angst vor Partnerschaft zu lösen. Dieses Ritual kannst du auch durchführen, wenn du dich in einer liebenden,
schönen Partnerschaft befindest, denn es befreit dich von jeglichen
schweren Energien, die deine Partnerschaft nicht länger tragen muss.*

Für dieses Ritual benötigst du:

- 1 ca. einen Meter langen weichen Weidenzweig
- grobe Bastelschnur oder Hanfband
- kleine Holzknöpfe (Die Anzahl bestimmst du, denn jeder Knopf
  steht für eine Verbindung, die du freigeben möchtest. Falls du
  dir unsicher bist, dann besorge 7 Stück.)
- 1 großen Holzknopf
- Klebstoff
- Feuerschale oder Feuerplatz

- *Horche in dich hinein, und frage dich, warum du heute dieses Ritual durchführen möchtest. Welche Absicht hast du?*
- *Begib dich in die Natur, und baue deinen Altar neben der Feuerstelle auf: Baue einen Kreis, einen heiligen Platz auf, in dem du
  die Elemente anrufst.[15] Konzentriere dich auf das, was du vorhast,
  und lasse dich nicht durch Dinge im Außen wie das Telefon oder
  etwas Ähnliches ablenken.*

---

15 Eine Anleitung hierzu findest du im Kapitel »Die Anrufung« ab Seite 22.

- *Entzünde deine Altarkerze, und mache dir bewusst, dass dies dein inneres Feuer ist, dein Licht sowie das göttliche Feuer.*
- *Wenn du möchtest, kannst du jetzt die Utensilien für dieses Ritual mit Weihrauch oder Salbei räuchern.*
- *Binde den Weidenzweig zu einem Ring zusammen, und webe mit der Schnur oder dem Band eine Art Spinnennetz in die Mitte. Dies ist das Gewebe deines Lebens, das immer wieder von Begegnungen geprägt war, auch weit über Raum und Zeit hinweg und viel weiter als deine Vorstellung reicht.*
- *Vielleicht weißt du, welche vergangenen Partnerschaften dich zurückhalten oder dich noch binden, dann kannst du klar benennen, welcher Knopf für welche Verbindung steht. Falls du es nicht weißt, dann kannst du dieses Ritual trotzdem machen und die Göttin bitten, dich zu führen. Du wirst diese Verbindungen in Liebe auflösen. Dies wird ausschließlich positive Auswirkungen auf dein Leben haben. Die Verbundenheit bleibt bestehen, jedoch wird Platz für eine freie, leichte und mühelose Partnerschaft geschaffen.*

- *Als Nächstes klebe die Knöpfe nach deinem Gefühl auf das Netz deines Lebens, jedoch lasse die Mitte bitte frei.*
- *Spüre, ob es jetzt an der Zeit ist und ob du bereit bist, die Partnerschaft zu dir selbst zu leben, ob du gewillt bist, die Verantwortung für dich selbst zu übernehmen, und ob du besetzte Plätze freigeben kannst, um so in deine eigene Kraft zu kommen.*
- *Sprich aus, fühle, stelle dir vor und beziehe alles mit ein, was du dir von einer Partnerschaft wünschst. Versuche nicht, dir eine bestimmte Person vorzustellen, sondern bleibe bei den Aspekten. Wie wäre es, wenn dies in dein Leben tritt? Wie fühlt es sich an und was würde es mit dir machen? Flüstere, sprich oder singe all dies in den großen Knopf, und versiegle deine Worte mit einem Tropfen Wachs von deiner Altarkerze.*
- *Klebe den Knopf nun in die Mitte deines Gewebes. Entzünde das Feuer, und sprich folgende Worte laut aus, während du dieses Gewebe dem Feuer übergibst und es damit transformierst: »Hiermit nehme ich mich und mein Leben an. Ich werde mir bewusst, dass ich mein Leben selbst bestimme und ich mich von alten blockierenden Verbindungen, die über Raum und Zeit bestehen, befreien kann, ich Plätze freigeben werde und ein neues Netz gespannt werden darf, um mir selbst ein guter Partner zu sein und auch um mich zu öffnen ohne Wenn und Aber. Mit dieser Handlung bin ich bereit, die alten Programme der Angst vor Partnerschaft zu lösen, und öffne mich für das Wunder, das ich selbst bin. Ich darf Glaubenssätze und Blockaden gehen lassen und ein neues Bild von Partnerschaft in mein Leben lassen. Ich bin lichtvoll und lasse dies nun zu – mit der Unterstützung der göttlichen Kraftquelle, die in allem sprudelt. Die kraftvollen, liebevollen und unterstützenden Ahnen halten mich, die Elemente führen mich, und die Große Göt-*

tin zeigt mir den Weg auf meinem von Licht durchfluteten Pfad, damit die schweren Energien in mir nun transformiert werden können. Ich erlaube mir, dass ich die Wahl habe. Ich gestatte mir, mich selbst zu sehen und zu zeigen. Ich danke den alten Göttern und meinen Verbündeten dafür, dass sie Zeugen meines Pfades sind. Ich trage die Verantwortung für mich selbst und lasse alles frei, was mir nicht mehr dienlich ist.«

- Beobachte, wie sich das Netz nun im Licht transformiert und sich wandelt und auf diese Weise zu etwas Lichtvollem wird. Dein Wunsch, den du mit dem großen Knopf in die Mitte gegeben hast, darf zerfallen, um dann in die Wirklichkeit zu treten.

- Lasse das Feuer ausbrennen, und verweile dabei. Stelle dir dabei vor, wie sich alles in deinem Leben neu ordnet und du für dich selbst zu einem liebenden und unterstützenden Partner wirst, aber auch wie jemand in dein Leben tritt oder dein bestehender Partner noch unterstützender wird.

- Anschließend danke den Energien und dir selbst für die Schritte, die du gerade getan hast.

- Lasse den heiligen Raum sich wieder auflösen, und komme ganz zurück in deinen Alltag.

AFFIRMATION

»Ich bin von allen alten Verstrickungen befreit.
Ich öffne mich für eine Partnerschaft der Liebe und Achtung.
Mein liebevolles Licht zieht die passenden Menschen an.«

Mutter
 Göttin Jörd

GÖTTIN JÖRD

Die Göttin Jörd gehört zur Mythologie des Nordens und wurde als Erdgöttin der Asen verehrt. Sie ist die Personifizierung der Erde und Teil der Wikingerlegende über die Entstehung der Welt. Sie gilt auch als Riesengöttin, Jörds Mutter ist die dunkle, schwarze Riesin Nott, die die Nacht ist. Diese war dreimal verheiratet. In ihrer zweiten Ehe wurde Jörd gezeugt. Die Erdgöttin wiederum ist die Mutter des Gottes Thor, der aus der Liaison mit dem Göttervater Odin entstanden ist. Obwohl Jörd die Geliebte und Mutter vieler der wichtigsten Götter der nordischen Mythologie ist, gibt es so gut wie keine Geschichten über sie. Obgleich wird sie in jeder Form von Land gesehen, ob nun kärglich oder üppig. Sie ist die befruchtete Frau, die gebärende Mutter, die alles nährt, aber auch die Großmutter, die weise ist und geborgen hält. Zudem soll sie den magischen Apfelbaum erschaffen haben, der die goldenen Äpfel trägt, die ewige Jungend und Unsterblichkeit verleihen. Die Göttin Idun hütet diesen Baum im Auftrag von Jörd und auch dessen Äpfel, damit diese nicht in die falschen Hände geraten.

Jörd hat viele Kinder, denn sie ist die Mutter aller Pflanzen. Es heißt, dass sie jedes Jahr weit oben im Norden unter einer kuscheligen Schneedecke Winterschlaf hält, hier verweilt sie den ganzen langen und dunklen Winter. In jedem Frühjahr wird ihr Erwachen von allen freudig herbeigesehnt, und so erwacht Mutter Natur im wahrsten Sinne des Wortes wieder – und mit ihr die gesamte Natur. Sie erweckt die Fruchtbarkeit in allem. Es ist, als würde nicht nur sie selbst, sondern als würden auch alle Wesen, die auf ihr wandeln, lebendiger werden, sobald sie die Schneedecke von sich streift und sich reckt und streckt.

Jörd ist auch die Göttin, die einen Verstorbenen nach dem Tod wieder zurück an den Ursprung holt, in den Schoß der Dunkelheit, damit dieser sich hier geborgen und gehalten fühlen kann. Sie ist der Anfang und das Ende und doch immer die Geborgenheit.

MUTTER

Kaum ein Aspekt der Weiblichkeit zeigt sich in so unterschiedlichen Facetten und wandelt sich im Laufe des eigenen Lebens oftmals so tiefgehend wie der Aspekt der Mutter. Durch unsere Mutter kommen wir in dieses Leben, erhalten unseren Körper, der uns bis an unser Lebensende begleitet. Ohne Zweifel wird für das Entstehen neuen Lebens auch ein männlicher Anteil benötigt. Und doch ist für das Formen und Überleben dieses neuen kleinen Wesens zu Beginn in erster Linie die Mutter notwendig. Sie gibt die Form ins Leben, indem sie das Männliche und Weibliche zu einem neuen Wesen zusammenfügt. Sie nimmt den Samen auf, formt diesen kleinen Fötus und schützt und nährt ihn, bis er stark genug ist, sichtbar und geboren zu werden. Eine Mutter hält das Nest, in dem das junge Leben geschützt aufwachsen kann. Die Hilflosigkeit des neugeborenen Wesens bringt eine körperliche Abhängigkeit mit sich, woraus für einen bestimmten Zeitraum eine sehr enge Bindung zwischen Mutter und Kind entsteht. Eine Mutter versorgt mit Nahrung, zu der ein Lebewesen zu Beginn seines Lebens allein keinen Zugang hätte.

Bereits sehr früh erfahren wir, was Kommunikation mittels Sprache bedeutet. Häufig ist die Mutter der erste Mensch, der auf unsere Laute und Geräusche reagiert. Wir erleben Versorgung, wenn wir unsere Bedürfnisse lautstark zur Kenntnis geben. Um eben diesen Anforderungen und Bedürfnissen gerecht zur werden, verändert sich der weibliche Hormonhaushalt. Selbst die vielschichtige weibliche Aura reduziert sich auf nur wenige Ebenen, wodurch sich für die ersten ca. drei Jahre der Kindheitsphase der mütterliche Fokus auf die Versorgung des Kindes ausrichtet. Wer bereits ein Kind geboren hat, erlebte für diese gewisse Zeit eine vollkommene Veränderung in Bezug auf die Art, das eigene Leben zu führen. Während dieser intensiven Kleinkindphase werden die Kinder durch das Verhalten und die Reaktionen der Mutter geprägt. In dieser Phase erlebt das Kind Zärtlichkeit und Nähe, lernt, Berührungen zuzulassen, erlebt, dass es versorgt und behütet wird und die Bedürfnisse gesehen und befriedigt werden. Das Kind beobachtet und lernt daraus wichtige Verhaltensweisen für den Rest des Lebens. Es kopiert und probiert. Die Mutter setzt die Regeln fest, die den Kindern als Geländer dienen, an dem sie sich orientieren können. Erst wenn das Kind eine gewisse Selbständigkeit erreicht hat, erfolgt Stück für Stück eine Lockerung dieser so innig verwobenen Verbindung. Bis zu diesem Moment wird die Mutter vom Kind als das Maß aller Dinge angesehen. Sie dient während der Trotzphase und bei Kämpfen zur Erweiterung der kindlichen Grenzen als Sparringspartner, um die Entwicklung der kindlichen Persönlichkeit zu fördern, und als »Trostengel« bei Enttäuschungen und Verlusten. Im Laufe des Älterwerdens verschieben sich diese Aufgaben. Die Orientierungshilfe für Entscheidungen wird immer mehr in den Freundeskreis und ins Außen verschoben. In der Pubertät vergleicht man sich immer mehr mit der eigenen Mutter, überprüft immer häufiger das bisherige Bild über sie, und es kommt naturgemäß dazu, dass man die Verhaltens- und Entscheidungsweisen der eigenen Mutter anzweifelt. Dies ist ein ganz natürlicher Vorgang, der bei allen Lebewesen zu beobachten ist. Wir müssen an unseren Eltern zweifeln, um den Mut zu bekommen, uns abzunabeln und eigenständige und manchmal auch risikoreiche Entscheidungen zu fällen. Wer bereits Kinder durch die Pubertät begleitet hat, erinnert sich an die vielen Diskussionen und vielleicht auch die tiefen Atemzüge, die dabei geholfen haben, die Stimmung und Argumentation sachlich zu halten.

Die Rolle der Mutter beinhaltet die Begleitung des Kindes, bis es »flügge« ist. Wenn die ersten Enkelkinder kommen, wandelt sich die Rolle der verantwortungsvollen Mutter hin zur verwöhnenden und über vieles hinwegsehenden Großmutter. Der imaginäre »Staffelstab der Mutterolle«, den sie mit der Geburt ihres ersten Kindes einst von ihrer Mutter übernommen hat, wird an die Tochter/Schwiegertochter weitergereicht. Dieser imaginäre Staffelstab enthält all den Rückhalt und all das Wissen und die Energie der Vorfahrinnen und unterstützt die neue Mutter dabei, in ihre neue Aufgabe hineinzuwachsen. Großmütter sind die Puffer zwischen Mutter und Kind, kennen sie doch ihr eigenes Kind, und hier speziell die Tochter, ganz besonders gut. Schließlich ist diese ja von ihren Händen gehalten worden. Und doch bleibt eine Großmutter ihr Leben lang Mutter.

Nicht immer verläuft eine Mutterschaft harmonisch. In den letzten 60 bis 70 Jahren hat sich die gesellschaftliche Erwartung an die Mutter intensiv verändert. Vielfältige Gründe können immer wieder zu Spannungen führen: Überforderung durch falsche Erwartungshaltungen aus sich selbst heraus oder von der Außenwelt sowie übernommene Glaubenssätze führen zu Missstimmung und Versagensgefühlen. Die Medien, und hier speziell die Werbung, spiegelt uns immer wieder überzogene, nicht haltbare Mutterbilder. Gleichzeitig steht man beim Thema Mutterschaft immer wieder im Fokus unbeteiligter Dritter, die ihre eigenen Vorstellungen aufdrücken wollen. Das Muttersein ist kein Unterrichtsfach. Im günstigsten Fall besteht die eigene Ahnenlinie aus liebevollen und starken Müttern, die auf eine gesunde Tradition aufbauten und selbstsichere und lebensbejahende Kinder erzogen, aus denen selbstsichere Mütter hervorgingen, die wissen, an wen sie sich wenden können, wenn sie Rat brauchen.

Nicht immer bedeutet Mutterschaft, eigene Kinder zu haben, auch können Kinder durch Trennung und neue Partnerschaft in einer Patchworkfamilie zusammenkommen. Manchmal fühlt sich eine Frau auch mit fremden Kindern außerhalb des eigenen Haushalts im Herzen verbunden, mit denen sie gern Zeit verbringt und für die sie zeitweilig die Mutterrolle einnimmt.

Es gibt viele Arten von Begegnungen, in denen sich die Mutter in dir zeigen könnte. Eine Mutterrolle kann sich ebenso auf Tiere und sogar Pflanzen ausdehnen. Betrachten wir die Mütter in der Tierwelt, finden wir viele Beispiele für liebevolles und auch strenges Anleiten des Nachwuchses durch die Mutter. Und so kannst auch du eine Mutterrolle für deine Tiere und Pflanzen übernehmen.

So, wie eine Mutter im Kleinen die eigene Familie lenkt und betreut, so fließen die Auswirkungen ihres Handelns in die Welt und lassen sie zur Hüterin der Geborgenheit für alle Wesen werden. Der Aspekt der Mutterschaft begleitet das Leben auf dieser Erde über alle Zeiten hinweg, auf ihm fußen alle zwischenmenschlichen Entwicklungen.

Eine Mutter kämpft für das Wohl ihres Nachwuchses. Sie schützt und stellt sich notfalls vor ihre Kinder und verteidigt sie mit dem eigenen Leben. Sie nährt und versorgt sie, kümmert sich um sie und bringt ihnen die Regeln des Lebens und Überlebens bei. Hast du eigene Tiere in deinem Leben, wirst du in deiner Mutterrolle immer für sie sorgen und mit ihnen fühlen.

Die Pflanze, die du als kleines Exemplar übernommen hast, wirst du in deiner Mutterrolle hegen und pflegen und dafür sorgen, dass sie gesund und kräftig wächst.

Doch Mutter zu sein, meint nicht nur das Gebären physischer Kinder. »Kinder« können gleichfalls immateriell sein. Ideen und neue Projekte müssen auch geboren und in die Welt hinaus begleitet werden. Auch hierfür gibt es eine Phase, in der wir mit der Idee »schwanger« gehen. Die geborene Idee will gehegt und gepflegt werden, damit sie Form annehmen und in der Welt wachsen kann.

Ein weiterer Aspekt der Mutterschaft ist die Weitergabe von Wissen. Als Lehrerin lebst du ebenfalls eine gewisse Mutterrolle. Du nimmst deine Schüler an die Hand und begleitest sie so weit, wie sie dich brauchen, um zu lernen und mit dem neuen Wissen ins Leben zu gehen. Hierbei ist es wichtig, den eigenen Platz als Mutter im Rahmen des Projekts zu behalten und sich dem Kind nicht zur Projektionsfläche für eigene, nicht aufgearbeitete Mutterthemen zur Verfügung zu stellen.

Ziehen wir einen Strich unter diesen verschiedenen Aspekten, die das Muttersein ausmachen können, so finden wir unter dem Strich einen gemeinsamen Nenner, den jede dieser Möglichkeiten, Mutter zu sein, braucht, um zu gelingen: Es ist die Liebe im Herzen. Ohne diese Liebe fällt das Durchhalten in schwierigen Zeiten schwer. Nur zeigt sich diese Liebe selten offensichtlich. Die Liebe einer Mutter hat viele Facetten und drückt sich auf vielfältige Weise aus. Sie lässt sich nicht vergleichen und auch nicht auf andere Kinder übertragen. Jeder Mensch ist einzigartig und reagiert auf eine ganz eigene Weise. Da es für das Muttersein keine Schule, keine Ausbildung und keine Zwischenprüfung gibt, bleibt nur der Weg, dem eigenen Herzen zu folgen. Eine Mutter kann nur das geben, was sie selbst empfindet, selbst erfahren und in ihrem Leben gelernt hat. Immer glaubt eine Mutter, das Richtige getan zu haben. Und dies stimmt auch. Denn in jedem Fall ermöglicht eine Mutter dem Nachwuchs den Weg in dieses Leben. Sie gibt einen großen Teil ihres Lebens dafür, dem Nachwuchs einen guten Start zu bieten. Und es liegt immer am Nachwuchs, was er aus diesem Start macht. Unsere »Vormütter« aus alten Zeiten hatten noch ein intensives Gespür für die Bedürfnisse der Gemeinschaft. Sie waren für den Zusammenhalt der Familie verantwortlich. Eine wichtige Aufgabe war es, alle Familienangehörigen im Auge zu behalten und ihr Wohl zu fördern. Sie schenkten der Familie neues Leben und erzogen die Abkömmlinge zu integrierten Mitgliedern der Sippe. Aus dem Wissen um die Natur und die Tierwelt konnten sie auch wertvolle Erkenntnisse für ihre eigenen Familienstrukturen ziehen. Auch für dein eigenes Muttersein kann daher der Kontakt und die Beobachtung von Mutter Natur hilfreich sein. Sie schenkt Leben, versorgt dieses Leben und entlässt es wieder, damit es selbstständig wachsen kann. Mutter Natur zweifelt nie daran, dass ihre Arbeit richtig ist.

Vertraue auch du darauf, dass du den richtigen Impulsen für dein Muttersein folgst. Vergleiche deine Leistungen und dein Verhalten nicht mit dem anderer Mütter. Lasse dich beraten, wenn du unsicher bist, aber gib deine Entscheidungen nicht in die Hände anderer Mütter. Sie leben nicht dein Leben. Und du solltest stets selbst hinter deinen Entscheidungen stehen können.

Wie Mutter Natur sich regelmäßig im Winter zurückzieht, solltest auch du als Mutter deine eigenen Grenzen erkennen. Durch deine Stärke und Klarheit schaffst du einen stabilen Rahmen, in dem sich das Leben in deiner Familie entwickeln kann. Nur, wenn die Mutter versorgt ist, hat sie die Kraft, ihre Abkömmlinge ins Leben zu geleiten. Viel zu häufig übernimmt eine »Menschenmutter« zu viele Aufgaben und verbraucht ihre Ressourcen, ohne darauf zu achten, diese wieder aufzufüllen. Mütter als Kinder von Mutter Natur sollten auf ihre alte und weise Mutter hören und auch sich selbst immer wieder Auszeiten zur Erholung nehmen. So, wie die meisten Tiermütter in der Natur einen längeren Winterschlaf halten, sollten auch wir »Menschenmütter« uns immer wieder kleine Auszeiten gönnen. Wir können in den seltensten Fällen mehrere Monate in die Winterauszeit gehen. Deshalb solltest du ein gesundes und ausgeglichenes Maß zwischen Gebären und Erholen einhalten. Je ausgeglichener und kraftvoller du als Mutter agieren kannst, desto fruchtbarer und erfolgreicher ist dein Wirken.

Für eine gesunde Gesellschaft, ein glückliches Leben und gutes Miteinander brauchen wir Nähe, Verständnis und Vertrauen. Es stellen sich die Fragen: Wie kannst du mit vollem Vertrauen Neues gebären und in die Welt hinausbegleiten? Falls deine Erinnerungen an deine Kindheit nicht harmonisch sind, frage dich, was du brauchst, um diese zu wandeln? Kannst du für dich selbst die Mutterrolle vollständig annehmen? Wenn nicht, was brauchst du, um in die Mutterrolle hineinwachsen zu können?

Jörd, die Mutter, die ihren Körper hingibt, um uns diesen wunderschönen und fruchtbaren Planeten zu schenken, die uns erfahren lässt, was es heißt, getragen und genährt zu werden, ist bereit, auch dich zu halten und dabei zu unterstützen, deine eigene Mutterrolle zu erkennen und anzunehmen.

AHNINNENKRAFTRITUAL

Das folgende Ritual unterstützt dich dabei, dich mit deiner inneren Mutter zu verbinden, um mit der Göttin in dir und mit Jörd in Kontakt zu kommen, aber vor allem um die Kraft deiner Wurzeln und Ahninnen ins Bewusstsein zu holen.[16]

Für dieses Ritual benötigst du:
- 1 Wurzelast (ca. 33 cm lang und 5 cm breit)
- 1 Textmarker oder spitzes Messer
- 10 ml heiliges Quellwasser
- die drei Vornamen deiner Ahninnen aus jeweils deiner weiblichen und deiner männlichen Ahnenlinie, d. h. die Namen der Mutter, der Großmutter und Urgroßmutter väterlicher- und mütterlicherseits[17]

- *Horche in dich hinein, und frage dich, warum du heute dieses Ritual durchführen möchtest. Welche Absicht hast du?*
- *Setze dich in der Natur oder zu Hause an deinen Altar: Baue einen Kreis, einen heiligen Platz auf, in dem du die Elemente anrufst.*[18] *Konzentriere dich auf das, was du vorhast, und lasse dich nicht durch Dinge im Außen wie das Telefon oder etwas Ähnliches ablenken.*

---

16 Auch wenn du möglicherweise nicht das beste Verhältnis zu deinen weiblichen Ahninnen hast, haben sie dich zu der Person gemacht, die du bist. Du bist ein Wunder. Mit dem Ritual kannst du diese Kraft für dich nutzen – nicht mehr und nicht weniger.

17 Falls du diese nicht kennst und auch keine Möglichkeit hast, diese in Erfahrung zu bringen, dann verwende die Namen der Göttinnen.

18 Eine Anleitung hierzu findest du im Kapitel »Die Anrufung« ab Seite 22.

- *Entzünde deine Altarkerze, und mache dir bewusst, dass dies dein inneres Feuer ist, dein Licht sowie das göttliche Feuer.*
- *Wenn du möchtest, kannst du jetzt die Utensilien für dieses Ritual mit Weihrauch oder Salbei räuchern.*
- *Schreibe oder ritze deinen Namen in die Mitte des Astes, und von hier aus ritze die anderen sechs Namen in einem regelmäßigen Abstand in den Ast.*
- *Tröpfle das heilige Quellwasser nun über den Stab, verreibe das Wasser, und sprich folgende Worte laut aus: »Hiermit nehme ich mich und meine Kraft an. Die Kraft meiner Ahnen, Wurzeln und Verbindungen durch Raum und Zeit unterstützen mich fortan mit Leichtigkeit und Mühelosigkeit. Ich befreie mich von alten, blockierenden Verbindungen, Wertvorstellungen sowie Versprechen, die über Raum und Zeit hinweg bestehen. Ich erlaube mir, ein neues Netz der Kraft zu spannen und die Unterstützung meiner Ahnen zu spüren und zu nutzen. Ich bin lichtvoll und lasse dies nun zu – mit der Unterstützung der göttlichen Kraftquelle, die in allem sprudelt. Die kraftvollen, liebevollen und unterstützenden Ahnen halten mich, die Elemente begleiten mich, und die Große Göttin führt mich auf meinem von Licht durchfluteten Pfad, damit die schweren Energien in mir nun transformiert werden können. Ich lasse Verdruss, Vorwürfe und Ängste los und erlaube mir, dass ich die Wahl habe. Ich gestatte mir, mich selbst zu sehen und dass ich es wert bin, ganz in meiner Kraft zu sein. Ich danke den alten Göttern und meinen Verbündeten dafür, dass sie Zeugen meines Pfades sind. Ich trage die Verantwortung für mich selbst und lasse alles frei, was mir nicht mehr dienlich ist.«[19]*

---

19 Bedenke dabei immer, dass jeder von uns einen freien Willen hat und wir niemanden zu Veränderungen zwingen dürfen.

- Lege fortan den Kraftstab auf deinen Altar, möge er dich von jetzt an begleiten und dich daran erinnern, dass du starke Wurzeln hast.
- Anschließend danke den Energien und dir selbst für die Schritte, die du gerade getan hast.
- Lasse den heiligen Raum sich wieder auflösen und komme ganz zurück in deinen Alltag.

AFFIRMATION

»Ich bin eine starke Persönlichkeit.
Alte Verbindungen sind gereinigt und geheilt.
Meine Ahnen stärken mir den Rücken auf meinem Lebensweg.«

Magierin, Zauberin und Mystikerin
 Göttin Freya

GÖTTIN FREYA

Die Göttin Freya ist Teil der nordischen Mythologie und gehört zum Göttergeschlecht der Vanen. Sie ist womöglich die berühmteste der Wikingergöttinnen, steht für Fruchtbarkeit, Glück und Sinnlichkeit und wird auch mit dem Mond assoziiert, aber sie ist vor allem die Lehrerin der Seherinnen und des Zaubers. Zudem ist sie die Anführerin der Walküren.

Freya ist so schön, dass sie von jedem begehrt wird, der sie erblickt. Aus ihrem Haar rieseln Frühlingsblumen, ihre Tränen sind aus Gold und Bernstein, und sie besitzt magischen Schmuck, den sie von den Zwergen erhalten hat. Freya verliebte sich einst in ein kostbares Halsband, das von den Zwergen geschmiedet worden war. Durch die Vereinigung mit vieren dieser Zwerge erwarb sie das kraftvolle Zauberhalsband für sich. Sie und ihr Zwillingsbruder Frey reiten auf einem goldenen Eber, der ebenfalls von den Zwergen erschaffen wurde. Freya hat viele Möglichkeiten zu reisen, aber ihr Lieblingsgefährt ist der Streitwagen, der von zwei Katzen gezogen wird.

Freya besitzt einen magischen Mantel aus Falkenfedern. Wenn sie ihn anlegt, verwandelt sie sich in einen Falken. Zudem kann sie mit diesem Mantel ihren Geist mit den Vögeln wandern lassen und reist auf diese Weise in ferne Länder, um über die Menschen zu wachen. Allein der Göttervater Odin besitzt neben Freya diese Fähigkeit.

Die eigene Gestalt zu wandeln oder auch den eigenen Körper zu verlassen und seinen Geist mit einem Tier mitzusenden, ist eine der mystischsten Praktiken und macht Freya zu einer der bedeutendsten Zauberinnen und Magierinnen. Diese Gabe, die bei den Germanen nur den Frauen zugeschrieben wurde, konnte Odin nur erwerben, wenn er Frauenkleider trug. Was für ein Bild: Der Göttervater selbst verkleidet sich als Frau, um die höchste Kunst der Magie, das Zaubern und Sehen, zu erlernen.

Freya beherrscht die von den Völvas, den Seherinnen, gelebte Kunst der Vision und Weissagung besonders gut und unterrichtet die anderen Völvas in dieser Kunst. Sie teilt dieses Wissen aber nicht nur mit den Völvas, sondern auch mit den Göttern der Asen sowie der Göttin Gullveig. Die Seherinnen reisen unter den Menschen durch das Land, um Rituale zu vollziehen und anzuleiten, aber auch um Fragen über die Zukunft zu beantworten.

In der Geschichte von Erich dem Roten tritt eine Völva am Hof in Grönland auf und wird genau beschrieben: Sie trug ein feines Kleid aus Tierhäuten und eine schwarze Kapuze, die sie sich zur Seidkunst[20] ins Gesicht zog. Diese bestand aus Lammleder und einem Kragen aus weißem Katzenfell, zudem trug sie feine Schuhe aus Kalbsleder und Handschuhe, die aus Katzenleder und -fell genäht wurden. Zu jeder berühmten Seherin gehört zudem der Stab der Völva.[21] Die Seherinnen sowie die Göttin waren von hohem Stand und überall gern gesehene Gäste, die man in Zukunfts- und Schicksalsfragen zurate zog.

---

20 die Kunst des Sehens und Weissagens
21 Wie du solch einen Stab selbst herstellen kannst, erfährst du in: Anne-Mareike Schultz: »Wikinger – Verbinde dich mit der Kraftquelle der alten Götter« (erschienen im Schirner Verlag, 2018).

MAGIERIN, ZAUBERIN UND MYSTIKERIN

Freyas Fähigkeiten sind mächtig. Sie ist in der Lage, dem Leben ihre Führung aufzuerlegen. Sie sieht die Fäden zwischen den Welten, die alles miteinander verbinden, und erkennt die darin erhaltenen Botschaften. Wenn du Freya an deine Seite rufst, begleitet sie dich hinter die Schleier des Sichtbaren, die das Unsichtbare verdecken, und lässt dich den Zauber hinter allem erkennen. Schon immer gab es Frauen, die mithilfe wirkungsvoller Gedanken bewusst Einfluss auf die Abläufe des Lebens nehmen konnten. Grundsätzlich formt jeder Gedanke und jede Handlung ein Ergebnis, dem wir nicht ausweichen können.

Mit Freya an deiner Seite wirst du kraftvoll geschult. Sie zeigt dir die Zusammenhänge und Konsequenzen deines Handelns auf. Bist du bereit, die Lehren anzunehmen, wirst du sehr bald deine eigenen Lebensfäden zu einem tragfähigen Netz weben. Alles im Leben gehört verbunden. Veränderst du einen kleinen Teil, verändert sich alles daran Beteiligte. Das aktive Eingreifen oder auch Nichteingreifen in Lebensabläufe macht die Arbeit einer Magierin aus. Der Unterschied liegt lediglich im Grad der Bewusstheit darüber, wie sich Dinge entwickeln werden. Frauen mit einem hohen Grad an Bewusstheit wissen, dass sie mit jeder ihrer Aktivitäten Magie erzeugen, alle anderen wirken Magie unbewusst. Aber alle betreiben sie Magie. Nicht umsonst sind es zumeist Frauen, denen magische Kräfte nachgesagt werden. Sie wissen um die Möglichkeiten und haben keine Scheu, diese anzuwenden.

Bist du bereit, auf Freyas Wegen zu wandeln? Traust du dir zu, Verantwortung zu übernehmen und deine Situation bewusst zu beeinflussen?

Wenn du ausreichend eigene Erfahrungen gemacht hast, werden andere Menschen zu dir kommen und um Hilfe bitten, damit sich auch in ihrem Leben Entwicklung einstellen kann.

Freya gehört zu den Weberinnen, die die Lebensfäden neu verknüpfen, damit Heilung und Entwicklung geschieht. Von ihr kannst du lernen, Fäden der Heilung zu einem tragbaren Geflecht zu weben.

MAGIERITUAL

Das folgende Ritual unterstützt dich dabei, dich mit deiner inneren Magierin zu verbinden, um mit der Göttin in dir und mit Freya in Kontakt zu kommen und alte Programme der Angst vor deiner eigenen Kraft aufzulösen und Wunder in dein Leben zu ziehen.

Für dieses Ritual benötigst du:
- 1 große Kapuze (wenn möglich, als Einzelstück und nicht an einer Jacke befestigt)
- 1 dicke Sticknadel
- Stickgarn in den Farben Rot, Blau, Grün und Weiß
- 1 Zwei-Euro-Stück großen flachen Obsidian[22]
- 1 kleinen Beutel, in den du eine kleine Feder, eine kleine Muschel, Samen und ein kleines Stück Wachs legst
- Weihrauchöl

- *Horche in dich hinein, und frage dich, warum du heute dieses Ritual durchführen möchtest. Welche Absicht hast du?*
- *Setze dich in der Natur oder zu Hause an deinen Altar: Baue einen Kreis, einen heiligen Platz auf, in dem du die Elemente anrufst.[23] Konzentriere dich auf das, was du vorhast, und lasse dich nicht durch Dinge im Außen wie das Telefon oder etwas Ähnliches ablenken.*
- *Entzünde deine Altarkerze, und mache dir bewusst, dass dies dein inneres Feuer ist, dein Licht sowie das göttliche Feuer.*

---

22 Falls du eine andere Größe oder eine andere Form bevorzugst, nimm gern diese.
23 Eine Anleitung hierzu findest du im Kapitel »Die Anrufung« ab Seite 22.

- Wenn du möchtest, kannst du jetzt die Utensilien für dieses Ritual mit Weihrauch oder Salbei räuchern.
- Suche dir die Stelle der Kapuze, die den höchsten Punkt am Hinterkopf markiert. Dies ist der Platz, an dem du den Obsidian mit dem Stickgarn so befestigst, dass er fest ist und von allen Farben wie von einem Netz gehalten wird.
- Nun stickst du, ähnlich einem Kompass, oben auf den Kopf der Kapuze mit dem grünen Band ein Zeichen für Erde. Dies können z. B. vier waagerecht zum Stein verlaufende Zickzacklinien sein.
- Auf der gegenüberliegenden Seite des Steins, auf Höhe des Hinterkopfes, stickst du ein Zeichen für Feuer mit dem roten Band in die Kapuze. Dies können vier Schlangenlinien sein, die horizontal zum Stein verlaufen.
- Rechts daneben auf Höhe des Ohres stickst du ein Zeichen für Luft mit dem weißen Band. Dies können vier gerade Striche sein, die waagerecht zum Stein gestickt werden.

- *Auf der gegenüberliegenden Seite, zwischen Erde und Feuer, auf Höhe des linken Ohres, stickst du mit dem blauen Band ein Zeichen für Wasser. Dies können vier Schlangenlinien sein, die waagerecht zum Stein verlaufen.*
- *Nun nähst du den Beutel in die Innenseite der Kapuze auf Höhe des Nackens und beträufelst den Inhalt vorsichtig mit ein paar Tropfen Öl.[24]*
- *Spüre, dass es jetzt an der Zeit ist, deine eigene Magie anzunehmen, dass du bereit bist, für dich Wunder zu wirken, und gewillt bist, die Schleier der Sorge, der Angst und der Versprechen von dir zu nehmen, um in deine magische Kraft zu kommen.*
- *Setze dir die Kapuze auf, und sprich folgende Worte laut aus: »Hiermit nehme ich mich und das Wunder, das ich bin, an. Ich werde mir bewusst, dass ich mein Leben selbst bestimme und ich reine, schöne Magie bin. Ich bin lichtvoll und lasse dies nun zu – mit der Unterstützung der göttlichen Kraftquelle, die in allem sprudelt. Die kraftvollen, liebevollen und unterstützenden Ahnen halten mich, die Elemente begleiten mich, und die Große Göttin führt mich auf meinem von Licht durchfluteten Pfad, damit die schweren Energien in mir nun transformiert werden können. Ich lasse Bewertung, Zwietracht und Verachtung los und erlaube mir, dass ich die Wahl habe. Ich gestatte mir, mich selbst zu sehen und zu zeigen. Ich danke den alten Göttern und meinen Verbündeten dafür, dass sie Zeugen meines Pfades sind. Ich trage die Verantwortung für mich selbst und lasse alles frei, was mir nicht mehr dienlich ist.«*

---

24 Falls du kein Öl zur Hand hast, dann lege etwas Weihrauchharz in den Beutel.

- Spüre, wie die Kapuze deinen Kopf hält, wärmt und womöglich dein Drittes Auge öffnet.
- Trage die Kapuze mindestens 30 Minuten, schaue dich um, und erkenne die Welt um dich herum.[25]
- Anschließend danke den Energien und dir selbst für die Schritte, die du gerade getan hast.
- Nimm die Kapuze ab, und lege sie auf deinen Altar, oder schlage sie in ein schönes Tuch ein.
- Lasse den heiligen Raum sich wieder auflösen, und komme ganz zurück in deinen Alltag.

AFFIRMATION

»Ich bin reine, lichtvolle Magie.
Ich erschaffe und webe in mein Leben hinein,
was meinem Seelenheil entspricht.
Alle Elemente unterstützen mich dabei,
die richtige Intention zu leben.«

---

25 Die Kapuze kann ab heute ein treuer Begleiter auf deinem Altar sein, aber auch wenn du Rituale begehst.

Heilerin
 Göttin Eir

GÖTTIN EIR

Die Göttin Eir gehört dem nordischen Göttergeschlecht der Asen an und ist somit Teil der nordischen Mythologie. Es gibt viele Götter und Göttinnen in jeder Kultur, die der Heilkunde zugeordnet werden können, doch gerade die kurze und etwas verworrene Legende der Göttin Eir ist bezeichnend für das Thema »Heilung« und kann uns auf vielen Ebenen an die Heilkraft in uns erinnern. Die Überlieferungen der Wikinger weben aus einzelnen kleinen Geschichten ein großes Bild von den Götterwelten. Dazu gehört auch Eir, deren Geschichte unsere Fantasie beflügelt und viel Raum für Interpretation lässt.

Eirs wichtigstes Attribut ist die Heilkunst, sie ist die mächtigste Heilerin der Götter. Die Götter der germanischen Mythologie sind nämlich nicht unsterblich, sie altern, werden mitunter krank und sind ebenso sterblich wie die Menschen. Nur mithilfe der goldenen Äpfel der Göttin Idun können die Götter der nordischen Mythologie ewige Jugend erlangen. Eine große Heilerin wie die Göttin Eir spielt demnach eine große Rolle in der Mythologie.

Eir gilt als besonders kräuterkundige Heilerin, sie trägt das tiefe Wissen um die Zauberkräuter in sich und weiß um deren Anwendung. Sie weiß zudem, wie man die Toten wiederbeleben kann. In einer Legende wird erwähnt, dass Eir die Dienerin der Menglöd sei, die eine Erscheinungsform der Göttin Frigg ist. Damit ist die Göttin die Leibärztin der Göttereltern Odin und seiner Frau. Zudem wird die Göttin in der Edda, der Sammlung nordischer Götter- und Heldensagen, als drittwichtigste Göttin genannt. Das zeigt, welch hohes Gut es selbst für die Götter ist, gesund zu sein, und wie unausweichlich es für jeden von uns ist, diese Heilerin ganz nahe bei sich haben zu wollen. Eir tritt noch einmal als eine der Walküren in Erscheinung, die Wunden heilen und Tote erwecken kann. Es ist im Grunde egal, ob sie nun Göttin, Dienerin oder Walküre ist, denn sie bringt in all diesen Rollen Heilung.

Oft dürstet es uns nach bunten und wilden Geschichten von den Göttinnen. Die Göttin Eir ist so bedeutend, und doch gibt es kaum etwas über sie zu lesen. Allein aufgrund ihrer Bestimmung ist sie aus den Göttergeschichten nicht mehr wegzudenken und wird bis heute in Heilungsritualen angerufen. Sie braucht keine große Geschichte, es zählt allein das Wissen, dass sie Heilung brachte und noch immer bringt.

HEILERIN

Heilen bedeutet, die Lebensfäden einer Person wieder zurück in die harmonische Ordnung zu knüpfen. Das energetische Netz, über das alles mit allem verbunden ist, nimmt alle Erlebnisse auf, die wir verarbeiten. Unharmonische Verbindungen und Situationen bleiben als Anhaftungen in einzelnen Fäden des Netzes hängen. An manche dieser Fäden knüpfen sich Personen oder Ereignisse an, die die Harmonie stören. Werden diese Anhaftungen nicht entfernt, blockieren sie den reinen Energiefluss und führen mit der Zeit zu Missstimmungen und rufen letztlich Krankheiten in Körper und Seele hervor.

Alle Menschen sind seit ihrer Geburt in der Lage, krankmachende Einflüsse wahrzunehmen. Den meisten von ihnen ist dies jedoch nicht bewusst. Und doch setzen wir unsere Heilkräfte immer wieder intuitiv ein. Erinnere dich. Haben deine Mutter, deine Tante oder deine Oma, wenn du als Kind verletzt warst, nicht auch »Heile, heile, Gänschen« gesungen und dir dabei über die schmerzende Stelle gestrichen? Danach war der Schmerz wie weggewischt. Vielleicht ist das für dich nur eine Kindheitserinnerung. Und trotzdem haben sie mit ihrer ureigenen Kraft die Heilung angeregt. Manche Heilerinnen haben den Schmerz hinausgepustet, die Hände auf die Wunde gelegt oder die krankmachenden Energien mit der Hand hinausgezogen. Du lächelst darüber und glaubst, dies geht nur bei kleineren Problemen? Dies wären Hausfrauengepflogenheiten?

Weltweit sind Heilerinnen und Heiler seit Menschengedenken in der Lage, krankmachende Blockaden zu erkennen und zu entfernen. Diesen Heilerinnen und Heilern sind ihre Fähigkeiten bewusst, und sie wissen um die Kraft des Glaubens. Glaube versetzt Berge, ganze Traditionen beweisen ihre Wirkung. Alle Behandlungsmethoden regen die Selbstheilungskräfte an und unterstützen den Weg der Heilung.[26]

Jedes Symptom braucht seine eigene Behandlungsweise. Öffnest du dich deiner Rolle als Heilerin, so findest du deinen ganz persönlichen Weg, die Fäden zurück in die natürliche, innere Ordnung zu bringen. Dieser Weg führt immer im Einklang mit der Natur und den darin wirkenden kosmischen Gesetzen zum Ziel. Eine Heilung ist nur möglich, wenn die erkrankte Person willig ist, das Krankmachende loszulassen, bereit ist, gesund zu werden und die Genesung anzunehmen. Als Heilerin steht dir das gesamte Pflanzenreich mit den Pflanzendevas beratend und unterstützend zur Seite.

---

26 Der hier verwendete Begriff »Heilung« bezieht sich ausschließlich auf die geistig-energetische Behandlung. Das hier Beschriebene kann zur Unterstützung medizinischer Behandlungen durch Ärzte oder Heilpraktiker dienen. Es ersetzt keinesfalls anerkannte medizinische Behandlungsmethoden und sollte immer nachrangig und ergänzend zu einer Behandlung durch einen Arzt oder Heilpraktiker angewandt werden.

Nutze die Zeichen des Tierreiches. Die Tiere, die dir während der Phase des Betreuens begegnen, haben Eigenschaften und hilfreiche Botschaften für dich. Willst du deine heilerischen Fähigkeiten trainieren, nimm dir Zeit, und kommuniziere mit der Geistigen Welt. Begib dich in die Ausbildung bei der Göttin Eir. Aus dieser Quelle bekommst du die Führung und den Schutz, das jeweils Richtige zu tun. Rufe sie zu deinen Planungen und Behandlungen hinzu, und folge ihren Anweisungen. Wisse, du heilst nicht, sondern du begleitest die Person zu ihrem Höchsten und Besten.

Beschäftige dich mit deinen Fähigkeiten. Wie kannst du besonders gut an das zur Heilungsunterstützung nötige Wissen gelangen? Worin liegt dein Potenzial? Es gibt viele Wege, Lebewesen auf dem Weg zum Heilwerden zu begleiten. Die Antworten auf die vorherigen Fragen erhältst du in Zusammenarbeit mit den geistigen Reichen.

Zur Heilerin wirst du berufen. Tief in dir hörst du den Ruf. Wenn du dich für den Weg der Heilerin entscheidest, wirst du immer angeleitet und beraten. Öffne dich der Führung, und begib dich in die Ausbildung zur Heilerin.

SELBSTHEILUNGSRITUAL

Das folgende Ritual unterstützt dich dabei, blockierende Verbindungen der Selbstheilung, die über Raum und Zeit hinweg bestehen, aufzulösen, dir deiner eigenen Kraft bewusst zu werden und ein neues Verständnis für dich zu erlangen sowie mit der Göttin in dir und mit Eir in Kontakt zu kommen.[27]

Für dieses Ritual benötigst du:
- 1 großen Apfel
- mehrere 1-Cent-Münzen
- 1 scharfes, spitzes Messer
- 1 kleine Schaufel

- *Horche in dich hinein, und frage dich, warum du heute dieses Ritual durchführen möchtest. Welche Absicht hast du?*
- *Setze dich in der Natur oder zu Hause an deinen Altar: Baue einen Kreis, einen heiligen Platz auf, in dem du die Elemente anrufst.[28] Konzentriere dich auf das, was du vorhast, und lasse dich nicht durch Dinge im Außen wie das Telefon oder etwas Ähnliches ablenken.*
- *Entzünde deine Altarkerze, und mache dir bewusst, dass dies dein inneres Feuer ist, dein Licht sowie das göttliche Feuer.*
- *Wenn du möchtest, kannst du jetzt die Utensilien für dieses Ritual mit Weihrauch oder Salbei räuchern.*

---

27 Dieses Ritual unterstützt deinen Willen zur Heilung, es ersetzt jedoch keinen Arztbesuch. Bitte wende dich bei spezifischen Beschwerden an einen Arzt oder erfahrenen Heilpraktiker deiner Wahl.
28 Eine Anleitung hierzu findest du im Kapitel »Die Anrufung« ab Seite 22.

- *Werde dir bewusst, was dich davon abhält, in die Selbstheilung zu gehen. Was willst du nicht sehen? Wo hast du eine Ausrede, warum es nicht funktionieren kann? Sei ganz ehrlich zu dir, ohne dir selbst Vorwürfe zu machen. Deine Gedanken dürfen kommen und sind da, damit du sie jetzt gehen lassen kannst. Jeden blockierenden Gedanken oder Vorwand sprich laut aus und in eines der Cent-Stücke hinein. Mache dir dabei bewusst, dass du diese Entschuldigung nun aus dir herauslöst und in die Münze hineingibst. Du machst dich damit von allen blockierenden Energien frei.*
- *Fühle es, stelle es dir vor, und beziehe alles mit ein, und dann sprich es in die einzelnen Münzen.*
- *Nun schneide kleine Schlitze in der Breite der Münzen in den Apfel, und stecke die Münzen in diesen hinein. Nun hält die Göttin deine Bedenken und Blockaden, und du kannst frei agieren.*
- *Suche dir einen schönen Platz in der Natur, an dem du den Apfel nun an Mutter Erde zurückgeben kannst, indem du ihn vergräbst. Sprich folgende Worte laut aus, während du ihn mit Erde bedeckst: »Hiermit nehme ich mich und mein Leben an. Ich werde mir bewusst, dass ich mein Leben selbst bestimme, ich mich von blockierenden Verbindungen der Selbstheilung, die mich über Raum und Zeit binden, befreien kann, mir meiner eigenen Kraft bewusst werde und ein neues Verständnis für mich selbst erlange. Mit dieser Handlung bin ich bereit, die alten Programme der Angst vor Heilung zu lösen und öffne mich für das Wunder, das ich selbst bin. Ich darf Glaubenssätze und Blockaden gehen und ein neues Bild von Heilung in mein Leben lassen. Ich bin lichtvoll und lasse dies nun zu – mit der Unterstützung der göttlichen Kraftquelle, die in allem sprudelt. Die kraftvollen, liebevollen und unterstützen-*

den Ahnen halten mich, die Elemente führen mich, und die Große Göttin leitet mich auf meinem von Licht durchfluteten Pfad, damit die schweren Energien in mir nun transformiert werden können. Ich erlaube mir, dass ich die Wahl habe. Ich gestatte mir, mich in den Vordergrund zu stellen. Ich danke den alten Göttern und meinen Verbündeten dafür, dass sie Zeugen meines Pfades sind. Ich trage die Verantwortung für mich selbst und lasse alles frei, was mir nicht mehr dienlich ist.«

- *Anschließend danke den Energien und dir selbst für die Schritte, die du gerade getan hast.*
- *Lasse den heiligen Raum sich dort, wo du gerade bist, wieder auflösen, und komme ganz zurück in deinen Alltag.*

AFFIRMATION

»Ich bin heil.
Alles geschieht zu meinem Besten.
Heilung geschieht, weil ich es zulasse.«

Lehrerin
 Göttin Saga

GÖTTIN SAGA

Die Göttin Saga gehört zur germanischen Götterwelt, sie lebt in Asgard und ist eine Asin. In ihrem Rang folgt sie direkt auf die Göttin
Frigg, die Ehefrau des Göttervaters Odin. Sie lebt nicht wie viele andere Götter in einem Palast, sondern in einer gläsernen Grotte namens
Sökvabek, was »fallendes Wasser« bedeutet – der Legende nach soll
Sagas Grotte immer von Wasser umspült sein. Odin ist ihr Geliebter
und kommt sie jeden Abend besuchen, um dann gemeinsam mit ihr
aus goldenen Bechern zu trinken, die den Trinkenden uraltes Wissen
verleihen. Odin ist beharrlich auf der Suche nach Weisheit und gibt sogar sein Auge, um seherische Fähigkeiten zu erlangen. Zudem hängt er
sich kopfüber an den Weltenbaum, um das Wissen der Runen zu verstehen. Aber all dieses Wissen reicht nicht aus, darum trinkt er jeden
Abend aus den goldenen Bechern der Göttin Saga, um immer noch
mehr zu lernen. Anschließend badet Odin in den Fluten und vereint
sich sinnbildlich mit Saga, denn sie ist der Ozean, und er gibt sich ganz
ihren Berührungen, Strömungen, ihrem Sein und ihrem Wissen hin.
Saga erwidert dies, nimmt ihn auf und hält ihn.
Saga ist die Göttin der Sagen, aber auch des Wissens, der Weisheit, der
Erkenntnis, der Poesie und der Weissagung, ihr Name bedeutet »Seherin«. Doch nicht nur trägt sie die Gabe des Zweiten Gesichts in sich, sie
weiß auch, wie sie dieses anwendet und wie man auf seine Gaben ver-

traut. Ihr Wissen ist unendlich, uralt und so tief wie die Ozeane. Dieses Wissen lehrt sie Odin, wenn er bei ihr ist, aber auch all diejenigen, die ihre Unterstützung brauchen. Zudem schenkt Saga ihren Schutz, ihre Kraft und Magie allen (Heil-)Bädern und Grotten.

LEHRERIN

Mit Überlieferungen, Legenden und Sagen wird seit Menschengedenken das Wissen an nachfolgende Generationen weitergegeben. Besonders in vorschriftlichen Zeiten, in denen nur wenige Menschen lesen und schreiben konnten, hatte die mündliche Überlieferung große Bedeutung. Am Feuer saß man zusammen und erzählte sich alles, was wichtig war und im Gedächtnis bleiben sollte. Weisheit und Wissen wurden so auf eine sehr persönliche Weise weitergereicht und den Bedürfnissen der Zuhörer angepasst. Vieles wurde in Fabeln verpackt, und so konnte jeder Zuhörer selbst entscheiden, was davon er für sich als gültig annehmen wollte. Gut gesponnene Geschichten waren kurzweilig und unterhaltsam. Mit Bildern untermalt wirkten sie lebendig und blieben leichter im Gedächtnis haften.

Lerne aus Geschichten. Lerne, dein Wissen in gute und einprägsame Geschichten zu verpacken. Forsche in alten Überlieferungen, und prüfe, wie dieses Wissen auf deine heutige Lebenssituation übertragen werden kann. Wissen wird von einer Generation an die nächste weitergereicht, das war schon immer so, und so sind beispielsweise die geschlechterspezifischen Vorstellungen aller Generationen ähnlich. Wir können von der Art, wie vergangene Generationen mit den gesellschaftlichen Gegebenheiten umgegangen sind, lernen, wenn wir ihre Sprache in die heutige Zeit übersetzen. Die Sagen aus längst vergangenen Zeiten unterstützen uns beim Verstehen unserer Vorfahren. Aussprüche und Lebensregeln dieser finden häufig auch heute noch Anwendung und haben ihre Gültigkeit.

Saga wusste, dass Odin das uralte Wissen nicht bereits beim ersten Hören begreifen würde. Jeden Abend kam er wieder, um ihren Erzählungen zu lauschen. Und sie war bereit, jeden Abend die Sagen erneut zu erzählen. Möglicherweise variierten die Geschichten in der Form, wie sie die Wahrheit darlegten. Ihr Kern blieb jedoch gleich. Saga wurde nicht müde, zu unterrichten. Sie ließ sogar zu, dass Odin ganz in ihre Energie eintauchte, um die Bilder selbst empfinden zu können.

Vielleicht hast auch du deine Wahrheit schon mehrfach an dieselben Menschen weitergegeben, ohne dass sie den Kern verstanden. Bedenke: Es gibt für alles einen richtigen Zeitpunkt. Erst wenn dieser Zeitpunkt gekommen ist, kann der Same auf fruchtbaren Boden fallen und deine Botschaft bei den richtigen Menschen ankommen. Verzage also nicht, wenn du dich in Wiederholungen bewegst. Deine Worte werden Gehör finden, wenn es an der Zeit ist.

Mit ihrem weitreichenden Wissen erkennt Saga die unzähligen Facetten des menschlichen Daseins und kann diese mit Abstand betrachten. Sie erkennt die Fäden, die alles verbinden. Das nutzt sie, um die Aspekte des Lebens zu neuem Wissen zu verweben.

Um Wissen weitergeben zu können, solltest du selbst gelernt haben. Und Lernen geschieht nicht nur durch die Aufnahme von Worten, es erfolgt vor allem durch Praxis. Willst du lernen, brauchst du Ruhe und Einkehr, um das Erfahrene für dich zu verarbeiten und auf deine eigene Lebenspraxis zu übertragen. Erst dann kannst du dein Wissen erfolgreich weitergeben.

Die höchste Kunst des Unterrichtens beherrschst du, wenn du keine Worte mehr brauchst, sondern es reicht, dass deine Mitmenschen dich beobachten, dass sie dich um Rat fragen, um das Beobachtete zu hinterfragen und zu dir kommen, um dich anzuhören. Wenn dein Leben und die Spuren, die du hinterlässt, Beobachter anregt, das Gesehene selbst auszuprobieren.

Die Göttin Saga ist nicht daran interessiert, zu unterrichten um des Unterrichtens willen. Sie unterrichtet, weil sie damit ihrem Seelenplan folgt, und dieser besteht darin, ihr Wissen weiterzugeben. Sie ist frei von Glaubenssätzen und hat sich allein der Weitergabe der Wahrheit verschrieben, und sie weiß, dass diese Wahrheit rein ist.

Wenn dein Seelenplan ebenfalls darin besteht, Wissen zu bündeln und weiterzugeben, dann bitte die Göttin Saga, deine Begleiterin zu sein.

INTUITIONSRITUAL

Das folgende Ritual unterstützt dich dabei, dich mit deinem unend-
lichen inneren Wissen zu verbinden, deine Intuition in den Vorder-
grund zu stellen und mit der Göttin in dir und mit Saga in Kontakt
zu kommen. Zudem hilft es dir, alte Programme des Versagens und
der Angst vor deiner eigenen Kraft zu lösen.

Für dieses Ritual benötigst du:
- 1 Badewanne[29]
- Nadelspitzen der Zeder und 7 Tropfen Zedernholzöl
- 7 Tropfen Weihrauchöl
- 1 Gral oder Kelch mit einem kühlen und leckeren nichtalkoholi-
  schen Getränk

- *Horche in dich hinein, und frage dich, warum du heute dieses Ri-*
  tual durchführen möchtest. Welche Absicht hast du?
- *Errichte einen kleinen Altar neben deiner Badewanne, baue einen*
  Kreis, einen heiligen Platz auf, in dem du die Elemente anrufst.[30]
  Konzentriere dich auf das, was du vorhast, und lasse dich nicht
  durch Dinge im Außen wie das Telefon oder etwas Ähnliches ab-
  lenken.
- *Entzünde deine Altarkerze, und mache dir bewusst, dass dies dein*
  inneres Feuer ist, dein Licht sowie das göttliche Feuer.
- *Wenn du möchtest, kannst du jetzt die Utensilien für dieses Ritual*
  mit Weihrauch oder Salbei räuchern, stelle sie dann an den Wan-
  nenrand.

---

29 Falls du keine Wanne hast, kannst du das Ritual auch in der Dusche durchführen.
30 Eine Anleitung hierzu findest du im Kapitel »Die Anrufung« ab Seite 22.

- Lasse nun Wasser mit einer dir angenehmen Temperatur in die Wanne, streue die Nadelspitzen der Zeder ins Wasser, träufle die Öle hinein, und sprich folgende Worte laut aus: »Hiermit nehme ich mich und mein unendliches inneres Wissen an und höre auf meine Intuition. Ich werde mir bewusst, dass ich mein Leben selbst bestimme und mir der Kurs meines Pfades bekannt ist. Ich bin lichtvoll und lasse dies nun zu – mit der Unterstützung der göttlichen Kraftquelle, die in allem sprudelt. Die kraftvollen, liebevollen und unterstützenden Ahnen halten mich, die Elemente begleiten mich, und die Große Göttin führt mich auf meinem von Licht durchfluteten Pfad, damit die schweren Energien in mir nun transformiert werden können. Ich erlaube mir, dass die alten Programme des Versagens und der Angst vor meiner eigenen Kraft aus mir weichen und dass ich die Wahl habe. Ich gestatte mir, auf mich selbst zu hören und darauf zu vertrauen. Ich danke den alten Göttern und meinen Verbündeten dafür, dass sie Zeugen meines Pfades sind. Ich trage die Verantwortung für mich selbst und lasse alles frei, was mir nicht mehr dienlich ist.«
- Nun lege dich in die Wanne, und spüre, wie das Wasser deinen Körper reinigt und die Wärme dein Bauchgefühl, deine Intuition und deine Eingebung umschmeichelt, wärmt, erweckt und du dir dessen nun ganz bewusst werden kannst. Lege deine Hände auf die Stelle, an der du dies am präsentesten spürst. Wiege dich im Wasser hin und her, und genieße, wie du dich entspannen kannst. Lasse jegliche Vorwürfe beiseite, bei diesem Ritual geht es allein darum, deine Intuition noch stärker werden zu lassen. Erlebe, wie sie durch das wärmende Wasser erwacht und du dich selbst halten kannst.
- Nun nimm den Kelch zur Hand und mache dir bewusst, dass du mit jedem kühlen Schluck, den du trinkst, alte Programme des Versa-

gens und der Angst vor deiner eigenen Kraft aus dir löschst, all die, die dir bewusst sind, und auch die, von denen du noch keine Kenntnis hast. Lasse die kühle Flüssigkeit deine Kehle hinunterrinnen, und wisse, dass du dich von allem löst, was dich von dir und deinem Bauchgefühl trennt oder dich daran hindert, diesem zu folgen.

- *Nach Beendigung des Bades nimm die Nadelspitzen der Zeder, und verstreue sie in der Natur.*
- *Danke den Energien und dir selbst für die Schritte, die du gerade getan hast.*
- *Lasse den heiligen Raum sich wieder auflösen, und komme ganz zurück in deinen Alltag.*

AFFIRMATION

»Ich bin Wissen.
Ich lasse zu, dass mir dieses Wissen bewusst wird und es mich leitet.
Ich bin mit all meinen Erfahrungen und Lehren verbunden
und kann diese anwenden.«

Gärtnerin und Hegerin der Natur
 Göttin Nerthus

GÖTTIN NERTHUS

Die Göttin Nerthus gehört zur nordischen Mythologie. Der römische Historiker Tacitus war so tief beeindruckt von dieser Göttin und ihrem Kult, dass er in seinen Aufzeichnungen über die Germanen von ihr berichtete. Es zeigt, welch großen Einfluss die Göttin hatte, denn nicht viele der germanischen Götter wurden hier erwähnt. Tacitus beschrieb Nerthus als Erdmutter, außerdem galt sie als die Göttin der Fruchtbarkeit und des Wachstums. Sie wurde besonders auf einer Insel im Meer verehrt. Indem sie in ihrem mit Blumen geschmückten Wagen, der von Kühen gezogen wurde, durchs Land fuhr, segnete sie es. Diesen Wagen durften nur auserwählte Priester berühren, und auch nur sie durften in ihn hineinblicken. Der Wagen stand laut Tacitus in einem geheimen heiligen Hain. Nur wenn die Göttin sich nicht im Wagen befand und die Priester ihre Anwesenheit nicht spürten, wurde der Wagen geschmückt, und jeder durfte einen Blick auf ihn werfen – dies geschah vor allem zu Beginn des Frühlings. Nerthus verhalf mit ihrer Reise nicht nur der Natur, sondern auch den Menschen dazu, zu erwachen und neuen Lebensmut zu erlangen. Der dunkle Winter war dann vorüber, und die Göttin läutete die ertragreiche und glückliche Phase ein – eine Zeit der Fruchtbarkeit, in der das Leben gefeiert wurde, aber auch eine Zeit des Friedens und der Ruhe. Feindseligkeiten waren in der Anwesenheit der Göttin nicht erlaubt. Auch dies ist eine Besonderheit, sind die nordischen Völker doch dafür bekannt, ihre Herbheit liebend gern in Rangeleien ausgelebt oder auch einfach aus Langeweile einen Kampf begonnen zu haben. Die Gegenwart der Göttin jedoch ließ sie ruhig werden und innehalten.

In der Gegenwart der Göttin wurden freudvolle und lebhafte Feste gefeiert. Nerthus half den Menschen, sich neu auszurichten und zu erkennen, was der kommende Schritt ist, was erreicht werden wollte und was es brauchte, um Ziele zu erreichen. Die Göttin war stets willkommen, und es war eine große Ehre, wenn sie mit ihrem Wagen aus dem heiligen Hain durchs Land fuhr, jedoch verließ sie ihren Wagen nie. Das Wissen darum, dass sie in ihrem Wagen saß, genügte allen Menschen im Lande.

Am Ende ihrer Reise kehrte Nerthus zurück in den Hain, und an einem nahegelegenen, geheimen See wurde der Wagen gewaschen. Dieser Ort sowie der Hain, an den die Göttin immer wieder zurückkehrte, waren geheim und nur wenigen Auserwählten bekannt. Alle, die halfen, den Wagen zu reinigen und auf diese Weise die Göttin zu ehren, wussten, dass sie am Ende der Zeremonie im See geopfert und so von der Göttin empfangen würden.

Bei Ausgrabungen von Grabbeilagen hat man prächtige Wagen gefunden, die dazu dienten, den Verstorbenen mit der Göttin Nerthus auch im Tode zu verbinden. Zugleich belegen die Funde, wie wichtig der Wagen als Bindeglied zur Göttin war, indem er den Menschen auch nach dem Tod mit ihr vereinigte.

GÄRTNERIN UND HEGERIN DER NATUR

Nerthus, die Göttin der Natur, fragt dich: »Welchen Bezug hast du zur Pflanzenwelt? Bist du gern in der Natur? Nennst du vielleicht sogar einen Garten dein Eigen«?

Heutzutage wird dem Tier- und dem Umweltschutz immer mehr Beachtung geschenkt. Trotzdem wird die Bedeutung der Pflanzenwelt für die Menschheit immer noch zu häufig geringgeschätzt. Ein weit verbreiteter Irrglaube ist, dass Pflanzen einfach so von selbst wachsen würden, ohne Zutun und Pflege, und dass Pflanzen keine Gefühle hätten, auf die man Rücksicht nehmen müsse. Wissenschaftliche Tests liefern mittlerweile den Beweis dafür, dass Pflanzen auf positive oder negative Energieeinflüsse reagieren. Pflanzen sind untereinander vernetzt. Bäume z. B. wissen voneinander, selbst wenn sie kilometerweit voneinander entfernt wachsen. Jeder Angehörige der Pflanzenwelt hat seine ganz spezielle energetische Signatur und fügt sich damit ausgleichend und ergänzend in das alles verbindende Netz der Erde ein.

Lässt du dich vertrauensvoll von Nerthus an die Hand nehmen, lernst du diese Energiefäden zu lesen. Du erkennst, wo Energie gebraucht wird, welcher Pflanze oder welchem Tier es gut geht und wer deine Aufmerksamkeit und Begleitung braucht.

Wir Menschen können nicht ohne die Natur leben. Dieses sensibel aufeinander abgestimmte Zusammenspiel vieler Einzelwesen ist ein Geschenk. Wir sollten dieses Geschenk wertschätzen. Verbinde dich mit Nerthus, und lasse dich darin anleiten, was du für die Natur tun kannst. Möglicherweise bist du schon erfahren und kannst deine Fähigkeiten und dein Wissen erweitern. Hast du gerade erst begonnen, dich tiefgehender mit diesen Dingen zu beschäftigen, freue dich darauf, viel mehr über das Geschenk der Verbundenheit mit den Wesen der Natur zu erfahren.

Über deinen Atem bist du schon seit deiner Geburt mit der Natur verbunden. Lerne, den Austausch zu genießen.

LEBENSRITUAL

Das folgende Ritual unterstützt dich dabei, dein Leben zu feiern sowie das Leben der Natur und das Wunder, das jeden Tag um dich geschieht. Es darf dir helfen, mit der Göttin in dir und mit Nerthus in Kontakt zu kommen und dich von Feindseligkeit, Bitterkeit und Hass zu befreien, denn schließlich war die Zeit mit der Göttin stets eine harmonische.

Für dieses Ritual benötigst du:

- 1 Apfel
- Blätter, Blütenblätter, Stöckchen, Zapfen, Nüsse, Samen, Moos, Federn, Sand, Muscheln oder das, was die Natur gerade schenkt[31]
- 1 Messer
- 10 ml Quellwasser
- 1 Feder

- *Horche in dich hinein, und frage dich, warum du heute dieses Ritual durchführen möchtest. Welche Absicht hast du?*
- *Setze dich in der Natur an deinen Altar: Baue einen Kreis, einen heiligen Platz auf, in dem du die Elemente anrufst.[32] Konzentriere dich auf das, was du vorhast, und lasse dich nicht durch Dinge im Außen wie das Telefon oder etwas Ähnliches ablenken.*

---

31 Bitte sei achtsam beim Sammeln dieser Dinge, es geht nicht darum, krampfhaft alles zu finden, sondern darum, dass die Natur es freiwillig gibt. Uns ist es lieber, dass du weniger gesammelt hast, als dass du Blüten und Blätter unachtsam abreißt, denn dann ehren wir nicht das Leben, sondern zerstören es.
32 Eine Anleitung hierzu findest du im Kapitel »Die Anrufung« ab Seite 22.

- Entzünde deine Altarkerze, und mache dir bewusst, dass dies dein inneres Feuer ist, dein Licht sowie das göttliche Feuer.
- Wenn du möchtest, kannst du jetzt die Utensilien für dieses Ritual mit Weihrauch oder Salbei räuchern.
- Spüre in dich hinein, und frage dich, ob es an der Zeit ist, in Ruhe dein Leben, die Natur und deine eigenen Wurzeln zu feiern.
- Wenn du ein Ja verspürst, schneide aus der Mitte des Apfels eine ordentliche Scheibe senkrecht heraus, und lasse dies das Zentrum deines Naturmandalas sein. Denn aus all deinen schönen Zutaten wirst du nun den Tisch der Natur decken und dein eigenes Sein feiern. Du bist der Mittelpunkt deines Festes, und die Apfelscheibe steht sinnbildlich für dich. Nun kannst du kreisrund mit deinen Utensilien ein wunderschönes Bild aus der Natur für die Natur legen. Während du dieses Bild legst, stelle dir vor, wie du dir dein eigenes Nest baust und wie du deinen eigenen Weg ehrst, aber auch den von Mutter Natur, und vor allem wie du deinen kommenden Pfad auf diese Weise segnest.

- *Während du dies tust, bleibe ganz ruhig, und hinterfrage dich nicht, denn so, wie du es gerade aufbaust, ist es genau richtig.*
- *Nun tauche die Feder in dein Quellwasser, berühre damit jeden einzelnen Gegenstand in deinem Mandala, beginnend mit dem Apfel. Sprich folgende Worte laut aus: »Hiermit nehme ich mich und mein Leben an. Ich werde mir bewusst, dass ich mein Leben selbst bestimme und ich mich von Feindseligkeit, Bitterkeit und Hass über Raum und Zeit befreien kann. Ich erlaube mir, mein Leben zu leben und mir Wurzeln wachsen zu lassen, damit ich ganz bei mir ankommen und in Harmonie leben kann. Mit dieser Handlung bin ich bereit, die alten Programme zu lösen. Ich öffne mich für das Wunder, das ich selbst bin. Ich darf für mich leben und spüre die Verbundenheit zu allem, ohne mich allein oder überfordert zu fühlen. Ich bin lichtvoll und lasse dies nun zu – mit der Unterstützung der göttlichen Kraftquelle, die in allem sprudelt. Die kraftvollen, liebevollen und unterstützenden Ahnen halten mich, die Elemente führen mich, und die Große Göttin leitet mich auf meinem von Licht durchfluteten Pfad, damit die schweren Energien in mir nun transformiert werden können. Ich erlaube mir, dass ich die Wahl habe, und ich wähle das Leben. Ich gestatte mir, mich selbst zu sehen und zu zeigen. Ich danke den alten Göttern und meinen Verbündeten dafür, dass sie Zeugen meines Pfades sind. Ich trage die Verantwortung für mich selbst und lasse alles frei, was mir nicht mehr dienlich ist.«*
- *Bleibe noch einen Moment an deinem Fest der Sinne sitzen, und überlasse dein Werk dann der Natur.*
- *Anschließend danke den Energien und dir selbst für die Schritte, die du gerade getan hast.*

- *Lasse den heiligen Raum sich wieder auflösen, und komme ganz zurück in deinen Alltag.*

AFFIRMATION

»Ich bin ein Kind der Erde.
Mein Sein ist getragen von all meinen Verwandten
aus allen geistigen Reichen und aus allen Zeiten.
Ich achte und ehre mich selbst und alle Wesen
aus jedem der einzelnen Reiche.«

Visionärin
 Göttin Gullveig

GÖTTIN GULLVEIG

Gullveig ist eine Göttin der germanischen Mythologie, sie ist die Hüterin der Schätze und gehört zum nordischen Göttergeschlecht der Wanen. Nicht viele Göttinnen dieses Geschlechts sind überliefert und haben die Zeit überdauert. Auch Gullveigs Legende ist kurz, und doch steht sie mit ihrem Wissen und ihrer Kraft noch heute an unserer Seite. Gullveig beschützt das Gold und die Schätze der Wanen, und sie schützt das Wissen der Zauberei der Seidr, der Seherinnen der Germanen. Sie ist die Schutzherrin des Samens des angewandten Zauberns und Weissagens. Sie unterstützt dich dabei, deine Visionen zu erkennen und zu leben.

Als Gullveig zu den Asen kam, entflammte die Goldgier in den Göttern, und diese forderten von ihr, den Ursprung allen Reichtums preiszugeben. Doch die Göttin sträubte sich. Schließlich behielt sie das Wissen um diesen wertvollen Samen für sich, obwohl die Götter der Asen sie immer wieder folterten, indem sie sie mit Odins Speer durchbohrten. Das Wissen um den Ursprung war ihr so heilig, dass sie all dies über sich ergehen ließ, um es zu schützen. Daraufhin versuchten die Asen dreimal, die Göttin zu verbrennen, doch jedes Mal stieg sie aus der Asche wieder empor, woraufhin die Asen sie in ihrer Mitte aufnahmen. Die Wanen wollten indessen ihre Göttin wieder zurück nach Wanheim bringen, wo sie lebten, und obwohl es sich bei diesem Geschlecht um friedliche Götter handelte, beschlossen sie, in den Krieg gegen die kämpferischen Asen zu ziehen. Sie kämpften unerbittlich gegeneinander, doch den finalen Sieg errungen die Asen. Die Göttin Gullveig verstarb auf dem Schlachtfeld, aber der Samen der Weissagung, der Zauberei und der Visionen wurde bewahrt und steht uns bis heute zur Verfügung.

Die Göttin Gullveig zeigt uns, dass es sich lohnt, für seine Visionen einzustehen. Auch wenn es scheint, als sei das Ende nah, kann eine Vision wieder aus der Asche auferstehen und in voller Kraft und Schönheit strahlen. Gullveig verfügt über die Kraft des Heilens, die sie immer wieder auferstehen lässt, und kann dir dabei helfen, alte Wunden zu heilen, die dich davon abhalten, dir deine Vision zu erlauben und sie immer größer werden zu lassen. Stelle dir die Göttin Gullveig zur Seite, und lebe deine eigene Prophezeiung.

VISIONÄRIN

Was verbindest du mit dem Begriff »Visionen«? Siehst du darin ein aus der Zukunft zu dir kommendes Ereignis? Ist es nicht eher ein mögliches Ziel, auf das du zustrebst? Oder ist es ein Omen, auf dessen mögliches Eintreffen man sich einstellen sollte?

Gullveig hilft dir, dich zu sortieren und deine Gedanken zu leeren, damit die Bilder vor deinem inneren Auge aufsteigen können. Um Visionen empfangen zu können, braucht es eine gute Anbindung an die energetischen Ebenen. Die Ereignisse sind bereits ins Energiefeld geschrieben und werden durch alles Beteiligte genährt. Je mehr die Personen auf das Ereignis hinarbeiten und die Rahmenbedingungen erfüllen, desto sicherer wird es eintreffen. Als Visionärin liest du die Spuren der Ereignisse und fügst die Einzelteile zu deiner Vision zusammen. Im Umkehrschluss bist du in der Lage, in den vielen Einzelbegebenheiten ein großes, mögliches Ganzes zu erkennen. Du weißt, dass das Gesehene von dir erreicht werden kann. Du entflammst förmlich vor Leidenschaft und gibst alles dafür, dass das Ziel erreicht wird. Deine Herzflamme überträgt sich auf andere Menschen und entzündet auch in ihnen den Wunsch, bei der Realisation der Vision zu helfen.

Menschen, die ihre Visionen verfolgen, wirken nicht selten wie Fantasten mit wirren Ideen, deren Verwirklichung unrealistisch erscheint. Wenn du für etwas entflammt bist und tief in dir daran glaubst, lasse dich von der visionären Kraft der Göttin Gullveig unterstützen. Sie ist bis in den Tod für ihre Fähigkeiten eingestanden und hat alles dafür gegeben, die Weisheit und ihre Geheimnisse zu schützen.

VISIONSRITUAL

Das folgende Ritual unterstützt dich dabei, für dich zu orakeln, aber auch Ängste, Blockaden und Versprechungen, die über Raum und Zeit hinweg bestehen, aufzulösen, um mit der Göttin in dir und mit Gullveig in Kontakt zu kommen und alte Programme der Angst vor deiner Visionskraft zu lösen.

Für dieses Ritual benötigst du:

- 1 kleine Tonschale
- 1 Löschblatt, das du in 1 cm mal 5 cm große Streifen schneidest
- 1 Stift
- 1 Schere
- Streichhölzer
- 1 feuerfeste Unterlage

- *Horche in dich hinein, und frage dich, warum du heute dieses Ritual durchführen möchtest. Welche Absicht hast du?*
- *Setze dich in der Natur oder zu Hause an deinen Altar: Baue einen Kreis, einen heiligen Platz auf, in dem du die Elemente anrufst.[33] Konzentriere dich auf das, was du vorhast, und lasse dich nicht durch Dinge im Außen wie das Telefon oder etwas Ähnliches ablenken.*
- *Entzünde deine Altarkerze, und mache dir bewusst, dass dies dein inneres Feuer ist, dein Licht sowie das göttliche Feuer.*
- *Wenn du möchtest, kannst du jetzt die Utensilien für dieses Ritual mit Weihrauch oder Salbei räuchern.*

---

33   Eine Anleitung hierzu findest du im Kapitel »Die Anrufung« ab Seite 22.

- Spüre in dich hinein, und frage dich, ob es Ängste, Blockaden oder Vorurteile gibt, die dich davon abhalten, zu orakeln, oder die dir verbieten, dass deine Vision in die Wirklichkeit treten darf. Wenn du diese für dich ausgemacht hast, dann schreibe sie einzeln auf die vorbereiteten Zettel. Lasse alle Vorwürfe beiseite, du erkennst deine Ängste und Blockaden nun hier und heute und kannst für dich den nächsten Schritt gehen. Sei liebevoll zu dir, aber auch ehrlich, denn nur so kannst du dich befreien und dir Raum für deine Träume schenken.
- Gibt es eine Frage oder Angelegenheit, in der du Unterstützung brauchst? Benötigst du einen Impuls? Dann schreibe auch diesen auf einen der Zettel.
- Stelle die Tonschale auf die feuerfeste Unterlage, und verbrenne nun Zettel für Zettel, indem du sie in der kleinen Tonschale entzündest, und sprich folgende Worte laut aus: »Hiermit nehme ich mich und mein Leben an. Ich werde mir bewusst, dass ich mein Leben selbst bestimme und ich mich von alten Ängsten, Blockaden oder Vorurteilen, die über Raum und Zeit hinweg existieren, befreien kann. Ich erlaube, dass meine Visionen Form annehmen, damit meine Träume in die Wirklichkeit treten können. Mit dieser Handlung bin ich bereit, die alten Programme zu lösen, und öffne mich für das Wunder, das ich selbst bin. Ich darf Visionen für mich empfangen und diese auch in die Welt gebären. Ich bin lichtvoll und lasse dies nun zu – mit der Unterstützung der göttlichen Kraftquelle, die in allem sprudelt. Die kraftvollen, liebevollen und unterstützenden Ahnen halten mich, die Elemente führen mich, und die Große Göttin leitet mich auf meinem von Licht durchfluteten Pfad, damit die schweren Energien in mir nun transformiert werden können. Ich erlaube mir, dass ich die Wahl habe. Ich ge-

statte mir, mich selbst zu sehen und zu zeigen. Ich danke den alten Göttern und meinen Verbündeten dafür, dass sie Zeugen meines Pfades sind. Ich trage die Verantwortung für mich selbst und lasse alles frei, was mir nicht mehr dienlich ist.«

- *Beobachte, wie die Zettel zu Asche zerfallen, und nimm das Schälchen in die Hand. Schaue nach Formen und Gestalten, nach Erhöhungen und nach freien Plätzen, nach Mustern und Figuren. All dies kann dir Aufschluss geben, es ist ein Impuls oder eine Antwort darauf, was du noch benötigst. Was du siehst, kann dir Aufschluss über deine Frage geben und dir einen Anstoß schenken. Merke dir, dass in dem größten Wirrwarr etwas magisch Schönes entstehen und aus der Asche emporsteigen kann. Wechsle immer wieder deine Perspektive, indem du die Schale drehst. Dabei vergiss nicht, dass du nach leichten positiven Impulsen suchst und dir deine Situation mit diesem Ritual nicht noch erschweren möchtest.*
- *Puste die erkaltete Asche im Freien nun in alle vier Himmelsrichtungen, und wisse, dass du alles getan hast.*
- *Anschließend danke den Energien und dir selbst für die Schritte, die du gerade getan hast.*
- *Lasse den heiligen Raum sich wieder auflösen, und komme ganz zurück in deinen Alltag.*

AFFIRMATION

**»Ich bin eine Seherin.
Meine Visionen sind klar und deutlich.
Ich lasse zu, dass mich die Botschaften erreichen.«**

Wandlerin, Wandelnde, Reisende
 Göttin Cerridwen

GÖTTIN CERRIDWEN

Die Göttin Cerridwen ist Teil der keltischen Mythologie, und ihre Geschichte gehört wohl zu den beeindruckendsten Göttinnensagen. Ihr ist das Jahreskreisfest Samhain gewidmet. Cerridwen ist eine der wenigen Göttinnen, die mit weißem Haar dargestellt wird, was ihre besondere Weisheit zum Ausdruck bringt. Der Kessel gehört zu ihren typischen Utensilien. Bei den Kelten gab es einst einen großen Kesselkult. Es wird sogar angenommen, dass der Kessel der Vorläufer des berühmten Heiligen Grals der mittelalterlichen Artussage sein könnte.

Cerridwen ist mit dem Wassergott vom Balasee verheiratet, unter dessen Wellen sich das Tor zur Anderswelt und auch der Palast der Cerridwen befindet. In ihm leben die beiden mit ihren drei Kindern. Der Legende nach war das dritte Kind der Cerridwen der abgrundtief hässliche Afaggdu, der das Grauen erregendste und abscheulichste Kind der Welt gewesen sein soll. Cerridwen wollte Afaggdu helfen. Obwohl ihr bewusst war, dass sie an seinem Äußeren nichts ändern konnte, so wollte sie ihn doch zu einem allwissenden Weisen und einem der berühmtesten Seher machen. Sie braute in ihrem heiligen Kessel einen Zaubertrank für Afaggdu. Doch dieses Vorhaben war nicht das leichteste, denn es brauchte fundiertes Wissen über die genaue Abfolge der Kräuter und Zutaten. Zudem musste der Trank für ein Jahr und einen Tag gebraut werden, dabei durfte das Feuer nie erlöschen.

Der Junge Gwion Bach half der Göttin beim Zubereiten des Trankes, dabei spritzten drei der essenziellen Tropfen auf seinen Handrücken. Da Gwion Bach befürchtete, von der Göttin für seine Unachtsamkeit bestraft zu werden, leckte er die Tropfen von seiner Hand und war augenblicklich erleuchtet. Er kannte fortan die Vergangenheit, die Gegenwart und die Zukunft und wusste um bevorstehende Gefahren. Als Cerridwen bemerkte, dass Gwion Bach die wirksamen Tropfen getrunken hatte und der Rest des Trankes unbrauchbar war, wollte sie in ihrem Zorn den Jungen töten. Freilich wusste Gwion Bach aufgrund seiner neu erworbenen Fähigkeiten davon und floh vor der Göttin. Damit begann eine der aufregendsten Verfolgungsjagden der keltischen Mythologie, bei der sich die beiden immer wieder in verschiedene Tiere und Wesen verwandelten. Gwion Bach nahm zuerst die Gestalt eines Hasen an, wurde dann zum Fisch, verwandelte sich in einen Vogel und zuletzt in ein Weizenkorn. Er entwischte der Göttin, die sich zuerst in einen Hund, dann einen Otter und einen Falken verwandelte, jedes Mal knapp. Erst als Gwion Bach sich in das Weizenkorn verwandelte, nahm sie die Gestalt eines Huhns an und verschluckte ihn. Cerridwen hatte ihren Rachedurst vorerst gestillt und nahm wieder ihre menschliche Gestalt an, doch bemerkte sie bald, dass sie mit Gwion Bach schwanger war und ihn nicht zu töten vermochte. Neun Monate später brachte die Göttin Cerridwen Gwion Bach als einen wunderschönen Knaben und den talentiertesten Barden seiner Zeit zur Welt.

Die Göttin trägt neben ihrer Wandlungskunst ganz wundervolle Aspekte in sich, denn sie steht für Inspiration, Weisheit, Kräuterkunde, Tod, aber auch Wiedergeburt, und nicht zuletzt ist sie die Hüterin des Heiligen Kessels. Cerridwen ist ein Sinnbild der Weissagung und des Wissens darum, wann es Zeit ist, sich zu transformieren.

WANDLERIN, WANDELNDE, REISENDE

An einem bestimmten Punkt auf deiner Reise durch das Leben wirst du den Moment erreichen, wo sich der Kreis schließt. An diesem Punkt hast du alle Rollen bedient: die Jungfräuliche, die Empfangende und nun die Alte, die sich im Wandel befindet. Deine Menopause[34] beginnt, deine körperliche Fruchtbarkeit endet. Du bist bereit, den Abschnitt zu vollenden, damit der Kreis sich schließt und du in den Aspekt der alten Weisen weitergehen kannst. Doch noch ist es nicht so weit. In der Zeit der Wandlerin, unter der Führung der Cerridwen, gibt es keinen Neuanfang, nichts Jungfräuliches. Du bist angekommen, hast deinen Lebenskreis vollendet. Jetzt gilt es, innezuhalten und das Bestehende zu prüfen. Die Wandlung, in die du nun eintauchst, ist immens.

---

34 Die Menopause bezeichnet im Leben einer Frau den Zeitpunkt, ab dem die Fruchtbarkeit (Fortpflanzungsfähigkeit) der Frau mit dem allmählichen Ausbleiben der Menstruation beendet ist.

Die Kraft der Cerridwen ermutigt dich, Dinge und Erlebnisse loszulassen und abzuschließen. Es ist jetzt eine gute Zeit, den Lebensrucksack zu erleichtern und zu prüfen, was du weiterhin wirklich brauchst. Da du den gesamten weiblichen Kreislauf bereits vollendet hast, verlagert sich langsam dein Fokus hin auf die Gegebenheiten, die jetzt für dich wichtig sind.

Aufgrund deiner Lebenserfahrung weißt du, zur richtigen Zeit zu schweigen, so, wie du weißt, wann dein Wissen und deine Weisheit der Situation förderlich sind. Die Zusammenarbeit mit der Göttin Cerridwen lässt dich erkennen, worauf gerade sinnvoll Einfluss genommen werden kann.

Cerridwen ist die Hüterin des Kessels der Wandlung und der Inspiration. Dies bedeutet für dich, dass sie dich anleitet, zu erkennen, was verändert werden kann und muss. Cerridwen hat die Weisheit, zu erkennen, worauf jetzt gerade Einfluss genommen werden kann. In ihren Kessel kannst du alles hineingeben, was sich verändern soll. Als Wandlerin hast du viel erlebt und bist weise genug, um guten Rat zu erteilen. Du lernst unter der Führung von Cerridwen, deinen Rat nur dort zu erteilen, wo er wirklich auf fruchtbaren Boden fällt.

Um tief greifende Wandlung zu ermöglichen, musst du vielleicht in deine tiefsten Abgründe hinabsteigen. Cerridwen wird dich begleiten, wenn du sie bittest. Mit ihrer Hilfe holst du tief Verschüttetes ins Bewusstsein, um es im Kessel der Wandlung zu befreien. Beachte, dass im Kessel der Wandlung keine Auflösung erfolgt, sondern aus dem Alten etwas Gereinigtes, Neues, Gewandeltes hervortritt.

Aufgrund deines Lebensalters magst du vielleicht schon einige Male dem Tod ins Auge geschaut haben. Cerridwen kennt die Angst davor. Sie kennt aber auch die Wahl zum Weiterleben. Über viele vermeintliche Ängste kann sie lächeln, und sie reicht dir ihre Hand, damit auch du diese Ängste überwindest.

Als Wandlerin bist du nicht mehr mitten im geschäftigen Leben. Stattdessen bleibst du lieber im Hintergrund und beobachtest. Wenn gewünscht, erteilst du deinen Rat, wenn es darum geht, die heilsamen Kräfte der Wandlung optimal zu nutzen.

WANDLUNGSRITUAL

Das folgende Ritual unterstützt dich dabei, dich mit deiner inneren Wandlerin zu verbinden, um mit der Göttin in dir und mit Cerridwen in Kontakt zu kommen. Aber vor allem hilft es dir, Gefühle, Rollen oder Masken zu wandeln, die dich belasten und die du aus dir lösen möchtest.

Für dieses Ritual benötigst du:

- 1 Handvoll frische Rosenblütenblätter
- 1 Handvoll Lavendelblüten, Rosmarin, Kamille, Johanniskraut und Himbeerblätter (allesamt getrocknet)
- 1 Topf zur Hälfte mit Wasser gefüllt
- 1 Kochlöffel
- Herdplatte
- 1 Waschlappen

- *Horche in dich hinein, und frage dich, warum du heute dieses Ritual durchführen möchtest. Welche Absicht hast du?*
- *Baue einen kleinen Altar in deiner Küche auf: Baue einen Kreis, einen heiligen Platz auf, in dem du die Elemente anrufst[35], und schließe auch den Raum, in dem dein Sessel, dein Sofa oder dein Bett steht, mit ein. Konzentriere dich auf das, was du vorhast, und lasse dich nicht durch Dinge im Außen wie das Telefon oder etwas Ähnliches ablenken.*
- *Entzünde deine Altarkerze, und mache dir bewusst, dass dies dein inneres Feuer ist, dein Licht sowie das göttliche Feuer.*

---

35 Eine Anleitung hierzu findest du im Kapitel »Die Anrufung« ab Seite 22.

- Wenn du möchtest, kannst du jetzt die Utensilien für dieses Ritual mit Weihrauch oder Salbei räuchern.
- Was ist es, was du wandeln möchtest? Was möchtest du nicht mehr leben? Welche Rollen hast du gelebt, die nun gehen können? Welche Masken trägst du, die dir nicht mehr dienlich sind? Welches Gefühl trägst du in dir, das deine Gedanken nicht zur Ruhe kommen lässt? Alles, was du gern wandeln möchtest, kannst du in diesem Ritual für dich verändern. Dabei geht es nicht darum, dich zu verurteilen, sondern darum, dass dir klar wird, was du lösen möchtest.
- Setze den Topf auf den Herd, und lege die getrockneten Kräuter in das Wasser. Lasse alles für etwa 10 Minuten lang köcheln, wirf dann die Rosenblätter ins Wasser. Sprich dabei laut aus, was du wandeln willst, und mache dir bewusst, dass die Rosen für den Wandel in dir stehen.
- Rühre den Sud für weitere 10 Minuten, und mache dir bewusst, dass du einen Wandel in dem Kessel kreierst.
- Lasse alles etwas abkühlen, und tunke nun den Waschlappen in den warmen Sud. Sei dabei achtsam, und verbrühe dich nicht. Achte darauf, dass der Sud immer angenehm warm ist.
- Setze dich bequem hin, lege den getränkten Waschlappen auf deinen Unterbauch, und sprich folgende Worte laut aus: »Hiermit nehme ich mich und meinen Weg an. Ich werde mir bewusst, dass ich mein Leben selbst bestimme und ich es wert bin, den Wandel einzuladen und mich zu verändern. Ich darf Rollen und Masken ablegen und erlaube mir selbst, mein Leben zu bestimmen und in die eigene Hand zu nehmen. Ich bin lichtvoll und lasse dies nun zu – mit der Unterstützung der göttlichen Kraftquelle, die in allem sprudelt. Die kraftvollen, liebevollen und unterstützenden Ahnen

halten mich, die Elemente begleiten mich, und die Große Göttin führt mich auf meinem von Licht durchfluteten Pfad, damit die schweren Energien in mir nun transformiert werden können. Ich erlaube, dass alte und überholte Gefühle, Rollen oder Masken gewandelt werden und die Belastung sich lösen darf. Ich befreie mich von alten, blockierenden Verbindungen, die über Raum und Zeit hinweg existieren. Ich danke den alten Göttern und meinen Verbündeten dafür, dass sie Zeugen meines Pfades sind. Ich trage die Verantwortung für mich selbst und lasse alles frei, was mir nicht mehr dienlich ist.«[36]

- Spüre, wie sich mit der Wärme auf deinem Unterbauch all dies wandeln kann, wofür du gebeten hast. Verweile für mindestens 20 Minuten.
- Anschließend danke den Energien und dir selbst für die Schritte, die du gerade getan hast, und übergib die Kräuter mit dem Sud einem schönen Ort in der Natur.
- Lasse den heiligen Raum sich wieder auflösen, und komme ganz zurück in deinen Alltag.

AFFIRMATION

»Ich bin in meiner Mitte.
Ich darf Begebenheiten und Erfahrungen loslassen,
die überflüssig geworden sind.
Mit meiner inneren Stärke wandle ich Überholtes in Neues,
das entstehen will.«

---

36 Bedenke dabei immer, dass jeder von uns einen freien Willen hat und wir niemanden zu Veränderungen zwingen dürfen.

Alte und Weise
 Göttin Sheela-na-Gig

GÖTTIN SHEELA-NA-GIG

Die Göttin Sheela-na-Gig ist eine der wenigen bildhaft überlieferten Göttinnen, zugleich gibt es so gut wie keine literarische Überlieferung zu ihr. Stattdessen findet man zahlreiche Abbildungen der Sheela-na-Gig, die aus dem 11. bis 13. Jahrhundert stammen. Sie ist bis heute als Relief an Kirchen, Burgen, Gebäuden und Brücken über 140-mal in Großbritannien und Irland zu finden. Diese Abbildungen wurden lange Zeit nach ihrer Verehrung an diesen Orten erschaffen.

Sheela-na-Gig ist ein Sinnbild für die Gebärerin, aber auch zugleich eine Zerstörerin, denn sie ist die Urmutter, die Leben und Tod spendet. Sie ist eine Muttergöttin, aber auch eine Fruchtbarkeitsgöttin und wird mit grenzenloser Promiskuität assoziiert, allerdings ist diese Vorstellung vor allem christlich geprägt. Sheela-na-Gig hat die Christianisierung überdauert. Ihr Abbild zierte zahlreiche Kirchen, wo sie in ihrer schönen Anstößigkeit die Leben spendenden Kräfte verkörperte. Sie wurde überall dort angebracht, wo Gefahr bestand oder man Unheil abwehren wollte. Bei den Abbildungen handelt es sich um eine verzerrte weibliche Figur mit einem übergroßen Kopf, die ihre übertrieben große Vulva präsentiert, indem sie diese mithilfe ihrer Hände spreizt. Sie rückt so den Blick auf ihr Geschlecht und lädt in ihren geöffneten Schoß ein, der als Füllhorn gesehen werden kann und Glück, Lebensenergie und Reichtum schenkt – und nie versiegt. Es gehört zum Aberglauben, dass, wenn man ihre Vulva berührt, sie einem Fruchtbarkeit und Segen schenkt, aber vor allem die Armut abwehrt. Zudem ist die Nachbildung der Vulva ein Talisman für Schutz.

Die Göttin wirkt auf den Abbildungen zum einen wie eine junge Frau und dann wieder wie eine alte Weise, und doch ist es vollkommen gleich, welche der Aspekte man in ihr sieht, denn sie hilft dem Betrachter in beiden Fällen, seine eigene Urkraft wahrzunehmen. Der weibliche nackte Schoß ist etwas Heiliges, Schönes und darf verehrt werden. Schon die Germanen wussten, dass, wenn eine Frau sich nackt zeigt, sie allein dadurch Magie entfesselt. Die Göttin erinnert uns auf diese Weise an unsere eigene Magie, aber auch an unseren Ursprung und die Kraft, die wir in uns tragen. Sheela-na-Gig wird oft mit besonders großen Augen dargestellt. Ihrem Blick bleibt nichts verborgen, sie erkennt, sieht und nimmt alles wahr, weit über unsere Vorstellungen hinaus.

Einer Legende nach erscheint die Göttin Sheela-na-Gig in der Gestalt einer alten, reizlosen aber wollüstigen Hexe jedem zukünftigen König und versucht, ihn zu verführen. Wenn die beiden sich ihrer Lust euphorisch hingeben, verwandelt sie sich in eine reizvolle Frau und schenkt dem König Erfolg und seiner Regentschaft Segen.

ALTE UND WEISE

Sheela-na-Gig ist das Sinnbild für die weibliche Kraft ohne Konventionen. Sie hat alle Lebenszyklen durchlebt und lebt jetzt außerhalb der aktiven Menschenkreise. Sie hat mit den fruchtbaren und zyklischen Kreisläufen der weiblichen Mysterien abgeschlossen und zieht sich nun daraus zurück in »ruhigeres Fahrwasser«. Die Alte und Weise hat das Meiste im Leben bereits gesehen und erlebt und daraus ihre Lehren gezogen. Sie hat die Grenzerfahrungen des Lebens überstanden und kennt die Auswirkungen des menschlichen Handelns. Alle Facetten des Frauseins hat sie in ihrem langen Leben erfahren. Jetzt kann sie diese Facetten für ihre eigenen Belange einsetzen. Nur noch selten lebt sie in einer lebensgemeinschaftlichen Partnerschaft, und wenn doch hat sie ihren festen Platz eingenommen, von dem aus sie sich sicher und geschützt für ihre eigenen Bedürfnisse einsetzt. Lebt sie allein, ist sie frei, um für sich selbst zu sorgen und zu entscheiden.

In der Phase der Alten und Weisen gehört für dich die äußerliche Schönheit der Vergangenheit an. Diese Äußerlichkeiten sind für dich mit zunehmendem Alter und wachsender Weisheit unwichtig geworden. Du weißt, dass sie nicht wieder zurückzuholen sind und bist dir im Klaren darüber, dass sich diese Äußerlichkeiten durch die Erlebnisse im Laufe des Lebens verändern. Du kannst die körperliche Veränderung nicht aufhalten. Und dennoch bleibt dein Fokus auf natürliche Ästhetik und Anmut gerichtet. Eine alte und weise Frau erinnert sich an ihre weibliche Ausstrahlung aus vergangenen Zeiten und ist sich bewusst, dass das Strahlen ihrer Augen wirkungsvoller ist als ihr alternder Körper. Sie weiß um die Wirkung weiblicher Reize, spielt immer noch gern damit und kennt die Tricks, mit denen sie sich jederzeit ins rechte Licht rückt. Auf ihre ureigene Weise die innere Schönheit lebend, bringt sie sich selbst in den Fokus ihrer Mitmenschen. Sie weiß, wie diese weise, aus dem Inneren heraus strahlende Schönheit die Mitmenschen berührt. Als Alte und Weise hat sie nichts mehr zu verlieren, hat vieles kommen und gehen gesehen und lebt jetzt den Augenblick. Losgelöst von den sozialen Verpflichtungen genießt die Alte und Weise ihr Leben in Leichtigkeit.

Die Darstellungen der Sheela-na-Gig stoßen nicht wenige Frauen ab, denn die Göttin zeigt sich hier hemmungslos und völlig anders, als man es vom heutigen von Außen vorgegebenen weiblichen Ideal kennt. Sie zeigt sich ohne Zähne, mit wirrem Haar, ausgemergeltem Körper, schlaff herunterhängenden Brüsten und weit aufgerissener Vulva. Nichts hat sie gemeinsam mit den heutigen Vorstellungen von Sexappeal und Sinnlichkeit. Doch sie braucht auch nichts mit den gängigen Vorstellungen über das Frausein gemein zu haben. Sie hat alles überwunden, überlebt, sie hat genug gedient, hat die Schönheit ihres Körpers hingegeben. Sie ist eigenständig und muss für niemanden schön sein. Sie lebt ihre Lust und Körperfreude. Sie schert sich nicht um die Meinung der jüngeren Generationen, dies hat sie alles durchlebt und hinter sich gelassen. Diese »Abgeklärtheit« bringt ihr die Leichtigkeit und das Lachen zurück.

So wie sie kannst du die gesellschaftlich üblichen Regeln bezüglich des Miteinanders über Bord werfen. Über alle diese Regeln, die dein Leben in den vielen Jahren gesteuert und beeinflusst haben, kannst du im Alter nur lachen, denn du hast diese Regeln abgearbeitet, überwunden. Die letzte Regel, die für dich noch Geltung haben könnte, lautet: »Habe Freude, bis dich der Tod wie ein alter Freund einlädt, mit ihm deinen letzten Tanz zu genießen.«

Jetzt bist du frei, so frei, wie wahrscheinlich bisher nie in deinem Leben. Du hast die Macht der sexuellen Lust und jegliche Begierden überwunden und entscheidest jetzt selbst über die Bedürfnisse deines Körpers.

Über das Leben selbst kann eine alte und weise Frau herzhaft lachen, denn sie hat nichts mehr zu verlieren außer dem Leben selbst. Wer hat nicht schon einmal zwei oder mehr alte Damen zusammensitzend herzhaft lachen sehen? Das ist der Geist der Alten und Weisen.

In ihrem Leben hat sich die Alte und Weise die Anerkennung und Wertschätzung ihrer Mitmenschen verdient. Und sollte sie diese aus welchen Gründen auch immer nicht erhalten, sorgt sie in ihrer eigenen Geschwindigkeit und im Einklang mit ihrem Körper für ihr eigenes Wohlbefinden.

Dein Körper hat den weiblichen Zyklus und die anschließende Menopause längst hinter sich gelassen und schenkt dir dadurch eine entspannte und weitaus gelassenere Lebensweise.

Bist du nach einem aktiven Leben in der Lebensphase der Alten und Weisen angekommen, fällt es dir leicht, dich aus den ganzen Verstrickungen, den komplizierten Beziehungsdramen zurückzuziehen. Deine Lebenserfahrung und Klarheit lassen dich kompromisslos auf dich selbst achten. Du hast deiner Familie und deinen Wegbegleitern genug gedient und kannst nun zurücktreten in die Reihen derer, die sich auf ihren Erfolgen ausruhen können.

Da du aus dem verwobenen Geflecht der Zwischenmenschlichkeit heraustreten kannst und niemandem mehr verpflichtet bist, hast du endlich die Möglichkeit, die um dich herum wirkenden Strukturen zu erkennen. Aus dieser Gelassenheit heraus und mit Abstand erkennst du den Wert eines guten Rates. Du hast vieles erprobt, für gut befunden oder wieder verworfen, hast dich auf neue Erfahrungen eingelassen und daraus gelernt. Du hast vieles gehört und gelesen. Dein Leben birgt einen enormen Erfahrungsschatz. Wenn du diesen für dich nutzt, wirst du erleben, dass jüngere Menschen beginnen, dich und deine Entscheidungen zu beobachten und auf ihr Leben zu übertragen. Nicht immer werden sie dir dies offen zeigen. Wenn doch, ist es eine schöne Anerkennung für deine Leistungen. Wenn jedoch nicht, sei dir sicher, dass gelebte Vorbilder die Nachkommenschaft immer verändern. Denn wie beim Muttersein stehst du mit deinem Wirken im Rampenlicht, und deine Erfahrungen haben Einfluss und Auswirkungen auf das Verhalten deiner Mitmenschen.

WEISHEITSRITUAL

*Das folgende Ritual unterstützt dich dabei, alte blockierende Gedan-
ken und Vorstellungen, die über Raum und Zeit hinweg existieren
und die dich daran hindern, deine Weisheit zu leben, aufzulösen, dir
Zugang zu deiner Weisheitsquelle zu erschließen und dich in deinem
Streben nach Wissen und Erfahrung frei zu fühlen. Es hilft dir, mit
der Göttin in dir und mit Sheela-na-Gig in Kontakt zu kommen sowie alte Programme der Angst vor ursprünglichem Wissen, Weisheit
und dem Alter zu lösen.*

Für dieses Ritual benötigst du:

- Iriswurzel[37]
- Wacholderspitzen und -beeren
- 13 Tropfen Schwarzfichtenöl
- rotes Samtsäckchen
- 1 kleine Eulenfeder
- Räucherschale oder Stövchen, um die Beeren zu räuchern[38]

- *Horche in dich hinein, und frage dich, warum du heute dieses Ritual durchführen möchtest. Welche Absicht hast du?*
- *Setze dich in die Natur, und baue deinen Altar neben einer Feuerstelle auf: Baue einen Kreis, einen heiligen Platz auf, in dem du
  die Elemente anrufst.[39] Konzentriere dich auf das, was du vorhast,
  und lasse dich nicht durch Dinge im Außen wie das Telefon oder
  etwas Ähnliches ablenken.*

---

37 Wird auch »Veilchenwurzel« genannt.
38 Wahlweise kannst du einige der Wacholderbeeren und -spitzen auch einem klei-
    nen Feuer übergeben.
39 Eine Anleitung hierzu findest du im Kapitel »Die Anrufung« ab Seite 22.

- *Entzünde deine Altarkerze, und mache dir bewusst, dass dies dein inneres Feuer ist, dein Licht sowie das göttliche Feuer.*
- *Wenn du möchtest, kannst du jetzt die Utensilien für dieses Ritual mit Weihrauch oder Salbei räuchern.*
- *Mache dir bewusst, was dich davon abhält, weise zu sein. Was hält dich davon ab, ins Feld der Weisheit einzutauchen? Was hindert dich daran, dich zurückzuziehen und ganz für dich zu sein? Benenne diese Dinge für dich, nimm dabei jeweils eine Beere in die Hand, und weise ihr einen Begriff zu, indem du diesen dreimal in die Beere pustest. Dabei geht es nicht darum, dich wegen Verbindungen, Entscheidungen oder Erlebnissen zu verurteilen, sondern dich hier und heute davon frei zu machen.*
- *Sprich aus, fühle oder stelle dir vor, was nun aus dir gelöst werden darf, und räuchere die Beeren.*

- Beträufle die Iriswurzel und die Wacholderbeeren und -spitzen mit dem Öl. Mache dir dabei bewusst, dass alles in dir reifen darf und du Zugang zu einem unendlichen Wissen hast, und sprich folgende Worte laut aus, während du die Wurzel und die Beeren und Spitzen in den Beutel legst: »Hiermit nehme ich mich, meine Weisheit und mein Leben an. Ich werde mir bewusst, dass ich mein Leben selbst bestimme und ich mich befreien kann von alten blockierenden Gedanken oder Vorstellungen sowie Glaubensmustern, die über Raum und Zeit existieren. Ich erlaube mir, dass ein neues Netz des Wissens, der Weisheit und Umsicht gespannt werden darf, um für mich selbst und meine eigenen Bedürfnisse zu sorgen. Mit dieser Handlung bin ich bereit, die alten Programme der Angst zu lösen, und öffne mich der Erkenntnis, die ich leben darf. Ich darf Glaubenssätze und Blockaden gehen lassen und ein neues Bild von Erfahrung und Offenbarung in mein Leben lassen. Ich bin lichtvoll und lasse dies nun zu – mit der Unterstützung der göttlichen Kraftquelle, die in allem sprudelt. Die kraftvollen, liebevollen und unterstützenden Ahnen halten mich, die Elemente führen mich, und die Große Göttin leitet mich auf meinem von Licht durchfluteten Pfad, damit die schweren Energien in mir nun transformiert werden können. Ich erlaube mir, dass ich die Wahl habe. Ich gestatte mir, mich selbst zu sehen, zu spüren und zu zeigen. Ich danke den alten Göttern und meinen Verbündeten dafür, dass sie Zeugen meines Pfades sind. Ich trage die Verantwortung für mich selbst und lasse alles frei, was mir nicht mehr dienlich ist.«

- Lege nun noch die Feder, die die Göttin, die Weisheit des Tiergeistes und deine Verbindung zur Geistigen Welt repräsentiert, als Unterstützung in den Beutel, und verschließe ihn mit sieben Kno-

ten. Trage den Beutel bei dir, wenn du das Gefühl hast, dass du dich fahrig, wenig konzentriert oder unwissend fühlst, damit die Göttin dich unterstützen kann. An Tagen, an denen du ihn nicht benötigst, lege ihn auf den Altar oder zu deiner Kapuze aus dem Ritual mit der Göttin Freya (ab Seite 95).

- *Anschließend danke den Energien und dir selbst für die Schritte, die du gerade getan hast.*
- *Lasse den heiligen Raum sich wieder auflösen, und komme ganz zurück in deinen Alltag.*

AFFIRMATION

»Ich bin weise.
Ich bin ein Füllhorn von Erfahrung und Wissen.
Ich nehme dieses Wissen nun an und bringe es in die Welt.«

Nachwort

Die Rituale, die wir dir in diesem Buch empfehlen möchten, sind sorgfältig auf jede Göttin und jedes Thema abgestimmt, wir haben sie gewissenhaft für dich ausgewählt und selbst begangen, um die höchstmögliche Wirkung und den größten Nutzen für dich zu erzielen. Trotzdem kann es natürlich vorkommen, dass du dich gerade in einer Situation befindest, in der keines unserer Rituale im Moment für dich stimmig ist, du aber trotzdem etwas für dich tun und die Unterstützung der Göttinnen spüren möchtest. Dann hast du natürlich die Möglichkeit, dich mit den Göttinnen zu verbinden. Wie wäre es in diesem Zusammenhang, ein Team zusammenzustellen, das dich unterstützt? Dieses Team kann dich bei einem Projekt oder einer Situation stützen oder dir in kniffeligen Lagen Hilfestellung geben sowie in Lebenslagen, die schön sind und einfach noch schöner werden sollen. Überlege dir, welche vier Göttinnen dich dabei besonders unterstützen dürfen. Welche Aspekte oder Facetten brauchst du in diesem Augenblick? Welche Göttin hättest du gern an deiner Seite? Welcher Aspekt der Göttinnen hilft dir und welchen könntest du sinnvoll für dich nutzen?

Für dieses Ritual benötigst du:
- 4 Gegenstände, die die Göttinnen symbolisieren[40]
- 1 Bild von dir

- *Horche in dich hinein, und frage dich, warum du heute dieses Ritual durchführen möchtest. Welche Absicht hast du?*
- *Setze dich neben deinen Altar: Baue einen Kreis, einen heiligen Platz auf, in dem du die Elemente anrufst.[41] Konzentriere dich auf das, was du vorhast, und lasse dich nicht durch Dinge im Außen wie das Telefon oder etwas Ähnliches ablenken.*
- *Entzünde deine Altarkerze, und mache dir bewusst, dass dies dein inneres Feuer ist, dein Licht sowie das göttliche Feuer.*
- *Wenn du möchtest, kannst du jetzt die Utensilien für dieses Ritual mit Weihrauch oder Salbei räuchern.*
- *Lege das Bild von dir in die Mitte des Altars, und ordne die vier Gegenstände der Göttinnen jeweils an einer Ecke um dein Bild herum an. Sprich folgende Worte laut aus: »Hiermit nehme ich mich und mein Leben an. Ich werde mir bewusst, dass ich mein Leben selbst bestimme und erbitte die Unterstützung der Göttinnen für meine Situation. Danke, dass ihr mich daran erinnert, dass ich alles in mir trage, und durch euch nun noch heller leuchten kann. Ich bin lichtvoll und lasse dies nun zu – mit der Unterstützung der göttlichen Kraftquelle, die in allem sprudelt. Die kraftvollen, liebevollen und unterstützenden Ahnen halten mich, die Elemente führen mich, und die Große Göttin leitet mich auf meinem von Licht durchfluteten Pfad. Ich erlaube mir, dass ich die Wahl habe. Ich*

---

40 Die Symbolgegenstände für die Göttinnen findest du im Kapitel »Der Altar« auf Seite 21.
41 Eine Anleitung hierzu findest du im Kapitel »Die Anrufung« ab Seite 22.

gestatte mir, mich selbst zu sehen, zu zeigen und Erfolg zu haben. Ich danke den alten Göttern und meinen Verbündeten dafür, dass sie Zeugen meines Pfades sind. Ich trage die Verantwortung für mich selbst und lasse alles frei, was mir nicht mehr dienlich ist.«

- Anschließend danke den Energien und dir selbst für die Schritte, die du gerade getan hast. Lasse die Utensilien so lange auf dem Altar liegen, wie du diese Unterstützung benötigst.
- Lasse den heiligen Raum sich wieder auflösen, und komme ganz zurück in deinen Alltag.

Danksagung

… VON ANTARA REIMANN

Wenn die richtige Zeit gekommen ist, öffnen sich die Tore zum Wissen und zur Anbindung, die zur harmonischen Fertigstellung eines Projektes führen. Im Einklang mit der heilenden Schwingung, wenn die Herzen sich öffnen, fließt das Wissen aus den geistigen Reichen. Es entsteht die Ordnung, die die Welten verbindet. Es fließt. Während der Arbeit für dieses Buch habe ich in vielen Ebenen die Liebe und Verbundenheit mit der Großen Göttin erlebt, ebenso mit jeder ihrer Facetten. Ich ging durch Prozesse, glaubte zu wissen und konnte dann feststellen, dass es noch eine Stufe intensiver geht, dass ich diese weibliche Facette noch intensiver erleben konnte, wenn ich es zuließ. Und immer war die Führung da. Aus tiefstem Herzen danke ich den vielen Göttinnen in der Anderswelt und auch in dieser Welt für ihre Begleitung und Anleitung.

Es hat viele Jahre gedauert, meine eigene Weiblichkeit von den Stricken der Glaubenssätze meiner Kindheit zu befreien und sie sichtbar zu machen. Mir zu erlauben, mich anzunehmen und mich zu zeigen, wie ich gerade bin, kostete sehr viel Mut und Überwindung. Meine Zusammenarbeit, Hand in Hand mit der Großen Göttin, hat diesen Weg erleichtert und endlich in Bewegung gebracht. Sie hat mich angeleitet, meine eigene Weiblichkeit zu akzeptieren, wie sie ist, und zeigt mir immer wieder meine Vielfalt. Wenn ich zweifle, kann ich mich an sie wenden. Sie ist die Mutter für mich, in deren Arme ich mich als Kind gern verkrochen hätte. Sie symbolisiert für mich die Gesamtheit aller Facetten der Weiblichkeit und ist gleichzeitig bereit, mit mir durch jede einzelne davon zu gehen. Während der Beschäftigung mit jeder einzelnen Göttin habe ich mich in jedem Aspekt wiedergefunden, mich selbst erlebt, verweigert, habe gezweifelt und letztendlich mich lieben gelernt. Ich wünsche mir, dass du, liebe Leserin und lieber Leser, dich öffnen kannst und ebenfalls diese Liebe, Treue und Begleitung erlebst.

Auch danke ich meiner lieben Co-Autorin Anne-Mareike für die Freude bei der Zusammenarbeit mit dir. Du bist seit über zwanzig Jahren die erste Person, bei der ich den Mut und das Vertrauen hatte, mich auf ein gemeinsames Projekt einzulassen. Und ich habe recht getan. Unsere Zusammenarbeit war so leicht und fließend, es war eine besondere Erfahrung für mich. Es ist für mich eine Freude, auch außerhalb unserer gemeinsamen Autorentätigkeit so viel Lachen und Lebendigkeit mit dir zu erleben, genauso, wie wir mit Leichtigkeit unser Wissen ausgetauscht und geteilt haben.

Mein Dank geht natürlich auch an meine Verleger Markus und Heidi Schirner, dafür, dass ihr immer wieder das Vertrauen in mich und mein Wissen setzt und euch auf meine Projekte einlasst.

Danken möchte ich ebenfalls unserer Lektorin Kerstin für die Zusammenarbeit und Unterstützung, damit dieses Herzensprojekt in die Form kommen konnte.

Und ganz besonders danken möchte ich dir, liebe Leserin und lieber Leser, für die Unterstützung und das Interesse an meinen Büchern. Alle meine Bücher schreibe ich, weil sie Herzensthemen von mir berühren. Zu wissen, dass noch mehr Menschen für diese Themen brennen, lässt mich auf eine gute Entwicklung hoffen.

In Verbundenheit
Antara Reimann

… VON ANNE-MAREIKE SCHULTZ

Ich würde mich selbst als Legenden- und Mythen-Enthusiastin be-schreiben. Unter anderem begleiten mich die Geschichten der Göttin-nen sowie sie selbst schon mein Leben lang, und aus diesem Grund bin ich dir, liebe Leserin, lieber Leser, dankbar, denn ohne dich könnten wir nicht gemeinsam diesen Traum träumen. Danke dir, dass du dich für dieses Buch entschieden hast. Mögen dich die Göttinnen und ihre Magie auf deinem Seelenweg begleiten.

Als Kind wurde ich durch meine Familie immer wieder dazu ermutigt, das Bild der Frau und Weiblichkeit in vielen Facetten zu betrachten. Ich wurde dazu angehalten, nicht dem Trend hinterherzujagen, son-dern mich selbst als Frau wahrzunehmen und zu erkennen. Das heißt nicht, dass ich nicht auch Trends mitgemacht habe oder mich auch angepasst habe, denn dies gehört einfach dazu. Aber was mir mein Weg gezeigt hat, war, dass es nie zu spät ist, sich für das zu öffnen, was verändert werden darf und was für einen selbst genau richtig ist. Wäh-rend ich dieses Buch schreibe, läuft 70er-Jahre-Musik, und ich lausche John Lennons »Imagine«, denn dies war die Musik, die ich mit meinen Eltern früher hörte. Durch Musik ermutigten sie uns, mich und meine Schwestern, schon im jungen Alter über die Welt nachzudenken und zu diskutieren. Dieser Song erinnert mich daran, und doch macht er so viel mehr, denn dieser Song wäre ohne John Lennons Göttin Yoko nie entstanden und könnte so niemanden berühren. Wir gehören viel-leicht zu den Träumern dieser Welt, aber wir sind nicht die einzigen, die von einer Welt träumen, in der jeder von uns in seine Kraft und Magie kommt.

Ich möchte meinen Eltern Anne-Karine und Hans-Albert dafür dan-ken, dass sie mich und meine Schwestern immer ermutigt haben, unseren Weg zu gehen, mich mit unfassbar viel Wissen »gefüttert« haben, aber auch vor allem immer an meinen gesunden Menschenverstand appelliert und mich in meinem Denken unterstützt haben. Ihr seid so unfassbar, und ich bin euch sehr dankbar. Ich danke vor allem meiner Zwillingsschwester Wibke-Martina, die mich immer so bedingungslos unterstützt, Verständnis für mich hat, mich zum Lachen bringt und mir darüber hinaus die Zeit, den Raum und den Platz schenkt, meinen Traum zu verwirklichen. Du bist die Göttin an meiner Seite, und auch wenn keiner höher als der andere steht, muss auch ich mir eingestehen, dass du einfach meine Heldin bist. Meine Liebe für euch ist unermesslich, und ich habe euch lieb.

Ich wurde vor allem im letzten Jahr von einem unglaublich schönen Verband liebender Göttinnen gehalten, dazu gehören vor allem meine lieben Freundinnen Caro, Hanna, Greta, Verena und Nicole, natürlich gibt es auch tolle Götter in meinem Leben, jedoch möchte ich hier vor allem den wundervollen Göttinnen danken, dass ihr euer Licht so hell leuchten lasst, dass ich mit euch um die Wette leuchten möchte. Ich danke euch aus tiefstem Herzen dafür.

Aber auch dir danke ich, lieber Dennis, wir beide leben diese magische Achterbahnfahrt, an der wir den jeweils anderen teilhaben lassen, und ich möchte nicht eine Runde davon missen.

Ein großes Dankeschön geht an meine Co-Autorin Antara, denn ohne dich hätten wir dieses Buch nie gemeinsam geschrieben. Unsere liebevolle und ehrliche Verbindung ist mir so unfassbar viel wert, dass ich gar nicht weiß, wie es je ohne dich war. Schön, dass sich unsere Wege wieder gekreuzt haben und wir gemeinsam diesen Pfad gehen, denn ich weiß, dass dies nicht selbstverständlich ist und erlebe es als ein großes Geschenk.

Ich danke meinen Verlegern, der lieben Heidi und dem lieben Markus Schirner, dafür, dass sie mit uns dieses Thema in die Welt bringen und uns so ihr Vertrauen schenken. Ich weiß dies wirklich zu schätzen.

Ein großes Dankeschön geht an meine liebe Lektorin Kerstin – du ermahnst mich, und doch bringst du mich auch immer wieder zum Lachen. Du hast so viel Verständnis, und ich bin sehr dankbar, dass du mich so unermüdlich unterstützt.

Mögen unsere Träume der Welt zeigen, dass es so viel mehr gibt, und uns magische Momente schenken. Ich bin für jede Erfahrung, Berührung und Verbindung dankbar, denn sie hat mich zu der Frau gemacht, die ich heute bin, und auf diese bin ich sehr stolz. Sei auch du stolz auf dich!

Deine Anne-Mareike Schultz

Über die Autorinnen

Antara Reimann ist zertifizierte schamanische Heilerin nach den Richtlinien des »Shamanic Healing des Bridget Healing Centre« (T.C.O.T.S), Glastonbury/Großbritannien, sowie »anerkannte Heilerin im Dachverband Geistiges Heilen e.V.« (DGH e.V.). Seit fast 25 Jahren leitet sie das spirituelle Zentrum Licht-Focus mit Sitz im nördlichen Westerwald.

Antara Reimanns Wissen erstreckt sich über viele Themengebiete, die sie gekonnt verknüpft. Es zeichnet sich durch praxiserprobte, eigene Erfahrungen aus. Mehrjährige Weiterbildungen in England erlauben ihr, immer wieder über den Tellerrand zu schauen und viele Themen miteinander abzugleichen und zu verbinden. Ihr persönlicher Kontakt zu Angehörigen der Crow-Indianer in Montana unterstützte sie dabei, den eigenen, europäisch-schamanischen Weg des Lebens zu entwickeln.

Im Sommer 1995 erschienen zum ersten Mal die Runen in ihrem Leben und sind seitdem ihre ständigen Begleiter, die ihr immer wieder mit gutem Rat begleitend zur Seite stehen.

Antara Reimann bietet Veranstaltungen und Ausbildungen im europäischen Schamanismus sowie spirituelle Bildungsreisen, z. B. nach Südengland, an. Ihre Helfer aus den geistigen Reichen sind die Eulen. Sie führen sie zu dem verborgenen Wissen zwischen den Welten. Es ist ihr Auftrag aus der Geistigen Welt, das, was heute wichtig ist, hervorzuholen und in die Sprache der Jetztzeit zu übersetzen.

2006 erhielt Antara Reimann durch die Große Göttin in Glastonbury den Auftrag, erneut den Kontakt zwischen der Großen Göttin und den

Menschen herzustellen. Es folgte über viele Jahre eine intensive und bereichernde Lehrzeit. Heute arbeitet Antara Reimann als Medium für die Große Göttin, bringt deren Botschaften an interessierte Menschen. Wichtig ist ihr dabei die Zusammenführung der weiblichen und männlichen Kräfte in harmonischer Balance, ohne Geschlechterdefinition und Machtkampf. In ihren Büchern und Vorträgen können Interessierte an diesem Wissen teilhaben und sich anregen lassen, ebenfalls mit Neugierde ihrer Spur zu folgen.

»Think globally – act locally« ist eine ihrer Lebensregeln. Für sie bedeutet das: *»Betrachte die Auswirkungen des Handels aus der übergeordneten Ebene heraus. Erforsche die Wurzeln der Gegend, in der du lebst. Welche Kräfte wirken hier?«* Im europäischen Teil unserer Mutter Erde geboren, fühlt sie sich mit den hier wirkenden Wesenheiten und Kräften verbunden und verrichtet mit offenem Herzen und einer gehörigen Portion Humor die Aufgaben, die für sie vorgesehen sind.

www.bit.ly/AntaraReimann | www.LichtFocus.de | www.Spur-der-Schamanen.de

Anne-Mareike Schultz beschäftigte sich bereits im Kindesalter mit Lichtwesen, Mythen und Legenden. Seit früher Kindheit bereiste sie die Welt und lebte zudem einige Zeit in den USA und in Australien. Durch ihre Vorfahren kam sie schon ganz früh mit schamanischem Wissen und den unsichtbaren Welten und deren Kraft in Berührung. Nach Beendigung ihres Studiums entdeckte sie die Naturheilkunde für sich, absolvierte eine Ausbildung zur Heilpraktikerin und eröffnete gemeinsam mit ihrer Zwillingsschwester eine Gemeinschaftspraxis in Schleswig-Holstein. Heute liegen ihre Praxisschwerpunkte in den Bereichen Coaching, Theta-Healing®, Hypnosetherapie, schamanischen Techniken und in der Persönlichkeitsentfaltung, zudem ist sie erfolgreiche Seminarleiterin. Sie liebt es, Menschen auf ihrem Weg zu begleiten und sie zu unterstützen, ihre gesetzten Ziele mühelos und glückeinwärts erfolgreich umzusetzen. Zudem leitet sie die verschiedensten Seminarreisen zu den unterschiedlichsten Kraftorten wie Südengland oder Hawaii.

www.annemareike.me | Facebook: annemareikeschultz | Instagram: _annemareike_

Eins mit der Göttin –
auf den Spuren der Priesterin

Schirner
Verlag

Antara Reimann
Tea for Two – Die Göttin und du
Hand in Hand mit der Großen Göttin
in dein schöpferisches Potenzial
144 Seiten
978-3-8434-1321-3

Anne-Mareike Schultz
Priesterin Avalons
Erwecke die Kraft der
Großen Göttin in dir
144 Seiten
978-3-8434-1265-0

»Tea for Two – die Göttin und du« bringt
dich zurück zu dir selbst. Es inspiriert dich
dazu, deine ureigene Verbindung zur
Großen Göttin zu erfahren sowie deine
Schöpferkraft wiederzuentdecken und
zu aktivieren. Die erfahrene Schamanin
und Avalon-Expertin Antara Reimann lässt
dich mit zahlreichen Übungen und Medi-
tationen deinen persönlichen Zugang zur
Großen Göttin finden. Diese wird dich –
im Rahmen eurer gemeinsamen Gesprä-
che, eurer »Tea Times« – ermutigen, deine
Fähigkeiten für dich selbst einzusetzen,
Veränderungen anzugehen und deine Ziele
zu erreichen. Mit dem Segen der Göttin
befreist du das, was jetzt in dein Leben
fließen möchte – und dein Herz kann heilen.

Hinter den Nebeln hüteten ehrwürdige
Priesterinnen einst das geheime Wissen
Avalons. Im Einklang mit den Jahreskreisfes-
ten feierten sie die Mysterien der Natur. Ihre
magischen Zeremonien schenkten Heilung
und offenbarten den Zugang zum eigenen
Selbst und zur Kraft der Großen Göttin. Anne-Mareike Schultz macht diesen Zugang
wieder erfahrbar. Behutsam führt sie uns an
legendäre Orte und in längst vergessene
Zeiten. Wir erhalten das Wissen um die magischen Gegenstände, die Elemente, die ur-
alten Bräuche, Feste und die Göttinnen und
erfahren, wie die kraftvollen Priesterinnen-
Rituale unser Leben bereichern können.

Entdecke die Götterwelten
der Kelten und Wikinger ...

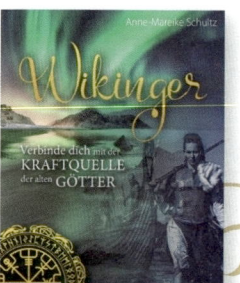

Anne-Mareike Schultz
Wikinger
Verbinde dich mit der Kraftquelle
der alten Götter
136 Seiten
978-3-8434-1352-7

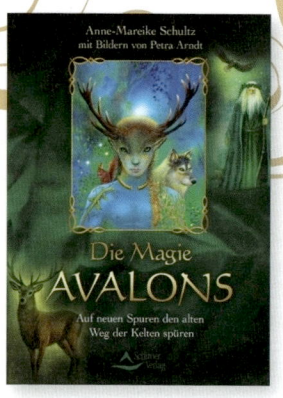

Anne-Mareike Schultz & Petra Arndt
Die Magie Avalons
Auf neuen Spuren den alten Weg
der Kelten spüren
240 Seiten
978-3-8434-1314-5

Anne-Mareike Schultz & Petra Arndt
Kartenset: Avalon
Spüre das Licht der Kelten in dir
50 Karten mit Begleitbuch
978-3-8434-9094-8

... und lebe die Weisheit der Runen

Antara Reimann
Runenrituale
für die alltägliche Praxis
144 Seiten
978-3-8434-1356-5

Antara Reimann & Roland Scholz
Kartenset: Runenorakel
im Einklang mit den Elementen
39 Karten mit Begleitbuch
978-3-8434-9112-9

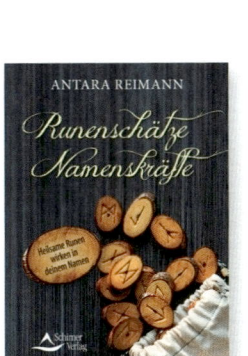

Antara Reimann
Runenschätze – Namenskräfte
Heilsame Runen wirken
in deinem Namen
136 Seiten
978-3-8434-1296-4

Schirner
Verlag

Danke

für deine REZENSION

– Gemeinsam sind wir mehr –

Liebe Leserin, lieber Leser,

von Herzen danken wir dir, dass du dieses Buch in den Händen hältst und es bis zum Ende gelesen hast. Das bedeutet uns, dem Schirner Verlag und seinen Autoren, sehr viel. Aus voller Überzeugung und mit Hingabe widmen wir uns seit vielen Jahren Themen, die unser aller Lebensqualität und Bewusstwerdung dienlich sind, und hoffen, einen Beitrag für eine lichtvollere Welt leisten zu können. Wenn dir unsere Arbeit gefällt, möchten wir dich bitten, dir einige Minuten Zeit zu nehmen, um dieses Buch zu rezensieren. Warum? Die meisten Menschen lesen Rezensionen, bevor sie ein Buch kaufen, da sie hierdurch einen Eindruck bekommen, ob und wie der Inhalt des Buches den Leser erreicht hat. Eine kurze Rezension ist dabei ebenso hilfreich wie eine lange, sehr ausführliche. Um es auf den Punkt zu bringen:

Eine Rezension ist heutzutage die beste Werbung für ein Autorenwerk!

Wenn du den Schirner Verlag und seine Autoren neben dem Buchkauf auch anderweitig unterstützen willst, dann bitten wir dich: Schreibe für jedes Werk eine Rezension – vielleicht als persönliche Leseempfehlung für die Buchhandlung in deiner Nähe oder online, z. B. beim Schirner Verlag. Das wäre nicht nur eine Wertschätzung für die Autoren, sondern kann dazu beitragen, dass die Verkaufszahlen steigen und der Schirner Verlag auch in herausfordernden Zeiten Bestand hat.

WIE SCHREIBT MAN EINE REZENSION?

Grundsätzlich sollte eine Rezension aus der eigenen, subjektiven Sicht geschrieben werden, da es sich um eine persönliche Meinung handelt. Du kannst in zwei Sätzen deine Gedanken zu dem Buch äußern oder eine längere Rezension verfassen. Falls du nicht weißt, wie du beginnen sollst, hier ein paar Anregungen:

- War das Buch leicht verständlich geschrieben? Wie hat dir die Sprache gefallen? Wie empfandest du die Aufteilung der verschiedenen Themen?

- War es unterhaltsam? War es deiner Meinung nach mit Herzblut und Liebe geschrieben? Wie hat es auf dich gewirkt?

- Hat es dein Herz berührt? Konntest du dich wiederfinden?

- War es tief greifend genug? Hast du viel Neues gelernt?

- Hat es gehalten, was der Titel und die Buchbeschreibung versprochen haben? Hat es deine Erwartungen erfüllt?

- Was macht das Buch besonders? Warum sticht es heraus im Vergleich zu anderen Büchern, die ein ähnliches Thema behandeln?

- Würdest du das Buch weiterempfehlen oder verschenken?

BILDNACHWEIS